a voz que clama

O ministério profético dos últimos dias

JOHN BEVERE

4ª impressão
Rio de Janeiro, 2016
www.edilan.com.br

A VOZ QUE CLAMA
O Ministério Profético dos Últimos Dias
por John Bevere
Copyright © 1993, 2002, 2005 by John P. Bevere Jr.
Editora Luz às Nações © 2011

Coordenação Editorial: *Philip Murdoch*
Tradução: *Joanne Murdoch*
Revisão: *Maysa Monte*
Capa: *Heston Delgado*
Projeto Gráfico e Diagramação: *Yan Aguiar*

Originalmente publicado nos Estados Unidos, sob o título The Voice of One Crying by John Bevere Published by Messenger International, P.O. Box 888, Palmer Lake, CO 80133-0888.

Exceto em caso de indicação em contrário, todas as citações bíblicas foram extraídas da NVI (Nova Versão Internacional, 2000, Editora Vida). As seguintes versões foram traduzidas livremente do idioma inglês em função da inexistência de tradução no idioma português: NLT (New Living Translation), KJV (King James Version, Trechos do Antigo Testamento) AMP (Amplified Bible), CEV (Contemporary English Version) e MSG (The Message). Os itálicos nas citações bíblicas refletem a ênfase do autor. Os parênteses em todas as versões bíblicas refletem as inserções do autor entre parênteses.

CIP-BRASIL. CATALOGAÇÃO-NA-FONTE
SINDICATO NACIONAL DOS EDITORES DE LIVROS, RJ

B467v

Bevere, John, 1959-
    A voz que clama : o ministério profético dos últimos dias / John Bevere ; [tradução Joanne Murdoch ; revisão Maysa Montes]. - 1.ed. - Rio de Janeiro : Luz às Nações, 2011. 145p.

Tradução de: The voice of one crying : a prophetic message for today!
ISBN 978-85-99858-32-5

1. Arrependimento - Cristianismo. 2. Vida cristã. I. Título.

11-4829.   CDD: 234.5
                  CDU: 27-185.33

02.08.11   03.08.11   028423

Todos os direitos reservados por Editora Luz às Nações Ltda.
Rua Rancharia, 62, parte — Itanhangá — Rio de Janeiro, Brasil
CEP: 22753-070 Tel. (21) 2490-2551

a voz que clama

Índice

Agradecimento   7
Prefácio   9

Introdução   11
1. A Unção de Elias   15
2. O Ministério Profético   25
3. A Voz do que Clama   41
4. Prepare o Caminho do Senhor   51
5. Lobos Vestidos de Ovelhas   69
6. Afastem-se de Mim: Nunca os Conheci   81
7. Arrependimento Sincero ou Falso?   95
8. O Evangelho do Egoísmo   111
9. Fujam da Idolatria   127
10. Boa Raiz – Bom Fruto   141

Sobre o Autor   155

Agradecimentos

Minha profunda gratidão...

A todos que se esforçaram conosco em oração, no projeto e através do sustento financeiro para que este livro fosse concluído; a nossa equipe de ministério, por seu apoio e fidelidade inabaláveis.

À Lisa. Você é realmente um presente de Deus para mim. Eu amo você, querida!

Aos meus quatro filhos, Addison, Austin, Alexander e Arden. Vocês são um tesouro muito especial!

E o mais importante: minha sincera gratidão ao nosso Pai no céu, pelo seu dom incrível; ao Senhor Jesus, por sua graça e verdade; e ao Espírito Santo, pela sua fiel direção durante este projeto.

Prefácio

O fato mais importante no mundo é a salvação. Sem ela ninguém vai para o céu, e sem arrependimento não há salvação. *A Voz que Clama* é um livro excelente sobre arrependimento. Desafio a todos que lerem este livro a submeter-se a uma purificação completa da alma através do arrependimento. Nós não podemos mais viver sob os padrões do mundo. Deus nos tem chamado para uma vida santa. Somente através do arrependimento temos a esperança de obter a espécie de purificação que nos coloca no padrão correto diante do Pai, para que possamos ter a vida eterna.

Gostaria de exortar firmemente todos os líderes e leigos a falar com autoridade e amor. Parem de fazer cócegas nos ouvidos da igreja e comecem a guiar a Igreja ao arrependimento para que no retorno do nosso Senhor Jesus Cristo possamos ser achados sem mancha, sem culpa e sem falha.

Ao ler este livro, procure visualizar seu relacionamento pessoal com Deus. Deixe que ele fale com você. Não olhe para seu vizinho julgando-o; Deus quer falar com *você*.

Deus está buscando homens que irão fazer e dizer o que é necessário para manter a Igreja no rumo certo. John Bevere é um desses homens. Eu o conheço há dez anos e percebo que tem um coração puro, ousadia de caráter e um relacionamento com Deus, que fica evidente no equilíbrio de sua personalidade.

Dr. Norvel Hayes
Escritor, professor e fundador do Ministério Norvel Hayes
http://www.nhm.cc/ - Cleveland, Tennesse, EUA

Introdução

Este livro é uma mensagem para a Igreja. Também é dedicado àqueles que deixaram a Igreja por causa de descontentamento ou por alguma ofensa recebida. É uma mensagem para os cristãos de diferentes denominações ou até mesmo para aqueles que não têm nada a ver com denominações e membresia. E para aqueles que estão no ministério de tempo integral, bem como para aqueles que trabalham parcialmente na obra. É um livro para jovens e idosos, não importando se conhecem ao Senhor há muitos anos ou se têm se aproximado dele recentemente.

Tendo chegado ao limiar de um novo milênio, estamos diante de várias interrogações. Será que estamos tendo um avivamento? Estamos experimentando o derramar do Espírito de Deus e a colheita de almas anunciados pelo profeta Joel? Como estamos em comparação à Igreja do livro de Atos? Será que somos a Igreja glorificada que Cristo virá buscar? Estamos prontos para o seu retorno?

É possível que tenhamos aceitado a exaltação pessoal e o estímulo emocional como pobres substitutos para o reavivamento nas últimas décadas? Será que nos tornamos pessoas que amam a aparência e não a substância, não apresentando por isso nenhuma profundidade? Será que abandonamos a piedade e a integridade e substituimos por aquilo que chamamos de "progresso do reino"? O mundo estaria vendo Jesus Cristo em nós através do amor genuíno de uns pelos outros? Será que os anos 80 e 90 são ilustrações do nosso destino?

Introdução

A chegada do avivamento profetizado por Joel será diferente daquilo que muitos estão esperando. Ele não ocorrerá através de um sistema eclesiástico com cheiro de mundanismo. Não virá através de uma Igreja morna ou idólatra, nem de ministérios que competem e lutam entre si. O avivamento não acontecerá enquanto comprometermos o sucesso pela integridade. O mundo não será atraído pelo fascínio e esplendor da Igreja, mas sim pela sua glória.

A causa do declínio da Igreja nos dias atuais é o estilo de vida que temos adotado e pregado na última parte do século XX. Temos reduzido o Evangelho a uma solução barata para os problemas da vida. Temos oferecido Jesus como um vendedor tentando atingir sua cota de vendas! Com isso, temos deixado de lado o arrependimento para ganhar um convertido. Então, convertidos é o que temos. A questão é que espécie de convertido temos? Jesus disse aos ministros dos seus dias: "Ai de vocês, mestres da lei e fariseus, hipócritas, porque percorrem terra e mar para fazer um convertido e, quando conseguem, vocês o tornam duas vezes mais filho do inferno do que vocês" (Mt 23:15). Convertidos são fáceis de se fazer, mas será que são verdadeiramente filhos do Reino de Deus? Este livro trata destes e de outros assuntos.

No outono de 1992, o Espírito de Deus comissionou-me a escrever este livro. Enquanto escrevia, tremia e me espantava porque as coisas que Deus estava me dando eram muito mais fortes do que eu pensava.

Na verdade, cheguei a um ponto em que parei de escrever. Não queria dizer algumas coisas da maneira tão forte como vieram a mim. Depois que várias semanas se passaram, comecei a escrever novamente, tentando mudar a maneira que havia dito algumas coisas. Mas, não estava chegando a lugar algum.

Parecia que a unção para escrever tinha sumido. Passei muitas horas no computador tentando escrever, mas o fluir do Espírito não estava mais lá. Então, comecei a orar e buscar o Senhor a respeito do livro. Eu disse: "Senhor, se Tu queres que eu escreva este livro, o Senhor terá que me dar as palavras. Parece que não há nada fluindo, não há vida e nem unção nisto". O Senhor respondeu-me com muita clareza, dizendo: "Há seis semanas, você se afastou daquilo que Eu desejava; retorne ao ponto onde a vida e a unção estavam fluindo". Retornei àquele capítulo que havia abandonado e imediatamente a unção voltou. Então continuei escrevendo sem parar até que o livro foi completado.

Já preguei a maior parte do que está escrito neste livro nos Estados Unidos e em outros países. Porém, muita coisa veio a mim enquanto escrevia, pois nunca havia ouvido, pregado ou pensado naquelas coisas antes. Isto foi uma outra confirmação de que este livro era inspirado pelo Senhor. Eu sei que esta mensagem é o clamor do coração de Deus para seu povo nestes últimos dias. Por favor, leve isto a sério!

Quero encorajá-lo a ler este livro até o fim, pois a mensagem não será completa se você ler apenas uma parte. Enquanto estiver lendo peça ao Senhor para aplicá-lo em sua vida para que o caminho de Deus seja preparado na sua pessoa e em seu ministério. A Igreja será transformada assim que cada um de seus membros individualmente mudar. Quase sempre pensamos que todas as outras pessoas precisam mudar e nós não. Muito do que escrevi diz respeito às áreas em que Deus tem lidado comigo pessoalmente, preparando-me para os últimos dias. O Senhor está realmente voltando para buscar uma Igreja gloriosa e santa, que não tenha manchas ou marcas ou qualquer coisa semelhante (Ef 5:27). Precisamos conservar esta visão diante de nós, para que não fiquemos desencorajados e assim percamos o que nos foi prometido.

Quando Deus nos chama para o arrependimento, é para nos mudar e nos mover em direção à esperança que está colocada diante de nós. A mensagem de João Batista era: "Arrependam-se, pois o Reino dos céus está próximo" (Mt 3:2). Em outras palavras, ele estava proclamando: "O reino está próximo, mas para que você receba tudo que Deus tem para você, é preciso que haja uma mudança (arrependimento)". *Pregar arrependimento sem esperança irá levar as pessoas ao legalismo.* Precisamos mudar para chegarmos aonde possamos receber aquilo que Deus nos prometeu.

Esta é uma mensagem de misericórdia do coração de Deus, não é um julgamento. Misericórdia, porque Ele está nos advertindo sobre o Seu retorno em glória, quer estejamos prontos individualmente, ou não. Então, para recebermos o que Ele tem para nós, precisamos mudar em nós aquilo que não vem dele para que, quando sua glória for revelada, nos alegremos com grande júbilo!

Minha oração é que, ao ler este livro, você ouça a voz de Deus lhe falando e que seus ouvidos possam ouvir, seus olhos possam ver e seu coração venha a reconhecer e entender o que o Espírito de Deus está dizendo para você e para a Igreja nestes últimos dias. E também oro para que Ele revele-se a Si mesmo assim como a Sua vontade a você através deste livro e que você esteja pronto para aquilo que Ele o tem chamado nestes dias finais.

Capítulo 1

A Unção de Elias

O julgamento de Deus acontecerá de acordo com o Seu padrão de justiça e não o nosso.

"Vejam, eu enviarei a vocês o profeta Elias antes do grande e temível dia do Senhor. Ele fará com que os corações dos pais se voltem para seus filhos, e os corações dos filhos para seus pais; do contrário, eu virei e castigarei a terra com maldição."

— MALAQUIAS 4:5-6

O Dia do Senhor

O grande e terrível dia do Senhor - a segunda vinda de Cristo - talvez esteja mais perto do que eu e você pensamos. Deus diz que enviará o profeta Elias antes do dia da vinda do Senhor. Será um grande dia para os fiéis e servos sábios do Senhor e um terrível dia para aqueles que nunca receberam o Evangelho de Cristo e para os que receberam o Evangelho e foram insensatos e perversos. Estes são aqueles que, ainda que conhecessem a vontade de Deus, não a cumpriram! Isto é ilustrado nas seguintes palavras de Jesus:

"O Senhor respondeu: "Quem é, pois, *o administrador fiel e sensato*, a quem seu senhor encarrega dos seus servos, para lhes dar sua porção de alimento no tempo devido? Feliz o servo a quem o seu senhor encontrar fazendo assim quando voltar. Garanto-lhes que ele o encarregará de todos os seus bens. Mas suponham que esse servo diga a si mesmo: 'Meu senhor se demora a voltar', e então comece a bater nos servos e nas servas, a comer, a beber e a embriagar-se. O senhor daquele servo virá num dia em que ele não o espera e numa hora que não sabe, e o punirá severamente e lhe dará um lugar *com os infiéis. Aquele servo que conhece a vontade de seu senhor* e não prepara o que ele deseja, nem o realiza, receberá muitos açoites. Mas aquele que não a conhece e pratica coisas merecedoras de castigo, receberá poucos açoites. A quem muito foi dado, muito será exigido; e a quem muito foi confiado, muito mais será pedido."
– LUCAS 12:42-48 *(ênfase do autor)*

O grande e terrível dia do Senhor é o seu retorno para executar o julgamento. O julgamento de Deus será de acordo com o seu padrão de justiça e não o nosso. Nesse dia, "A arrogância dos homens será abatida, e o seu orgulho será humilhado. Somente o Senhor será exaltado naquele dia, e os ídolos desaparecerão por completo." (Is 2: 17-18). Será um dia de vingar o orgulho e a desobediência do homem, mesmo que no momento a arrogância e a rebelião pareçam não ser notadas ou punidas e até galardoadas.

Muitos hoje vivem no engano. Eles vivem para si mesmos mas crêem que estão vivendo retamente diante de Deus. A dureza do coração deles fez com que perdessem o temor de Deus. A respeito disso lemos: "... saibam que, nos últimos dias, surgirão escarnecedores zombando e seguindo suas próprias paixões. Eles dirão: "O que houve com a promessa da sua vinda? Desde que os antepassados morreram, tudo continua como desde o princípio da criação". (2 Pe 3:3-4). Estes homens e mulheres andam de acordo com os seus próprios desejos e não de acordo com os desejos de Deus. Muitas atividades suas são até mesmo feitas em nome do cristianismo. O padrão deles não é Jesus; eles se comparam uns com os outros. A aceitação da sociedade é o padrão deles. O pensamento deles é o seguinte: "Por que eu deveria viver um estilo de vida santo quando muitos na Igreja não vivem dessa maneira e caminham sem punição alguma? Na verdade, eles até parecem prosperar naquilo que fazem. Por que deveria colocar sobre mim um jugo desnecessário?"

O Senhor se levantará em juízo, dizendo: "*Fiquei muito tempo em silêncio, e me contive, calado.* Mas agora, como mulher em trabalho de parto, eu grito, gemo e respiro ofegante. Arrasarei os montes e as colinas..." (Is 42:14 -15) *(grifo do autor)*. Deus tem estado quieto e distanciou-se por um longo tempo. O propósito desta demora é a salvação. Muitos retornarão ao Senhor nessa época, enquanto outros irão se endurecer ainda mais ao recusarem o seu chamado. Para estes, o dia do Senhor virá inesperadamente.

"...pois vocês mesmos sabem perfeitamente que o dia do Senhor virá como ladrão à noite. Quando disserem: "*Paz e segurança*", a *destruição* virá sobre eles *de repente*, como

as dores de parto à mulher grávida; e de modo nenhum escaparão."
– 1 TESSALONICENSES 5:2-3 *(grifo do autor)*

O dia do Senhor virá como nos dias de Ló. Sodoma e Gomorra eram cidades frutíferas e sem escassez de alimento e moradia. Não havia nenhum sinal de julgamento iminente. Tudo tinha sido o mesmo como foi para com seus antepassados. "... O povo estava comendo e bebendo, comprando e vendendo, plantando e construindo." (Lc 17:28). Eles foram apanhados totalmente desapercebidos. Eles deviam estar pensando que Deus não havia notado a condição do coração deles e seus caminhos perversos.

Até Ló estava desapercebido quanto ao julgamento vindouro. Ló poderia representar os cristãos carnais. Percebemos isto pelo lugar que ele escolheu para morar (entre os habitantes de Sodoma e Gomorra), o tipo de esposa que tinha e os filhos de quem era pai através do incesto - os moabitas e os amonitas. Em contraste, Abraão escolheu viver uma vida separada. Ele estava buscando a cidade cujo construtor e edificador era Deus. Ló escolheu ter comunhão com os ímpios, ao invés de viver uma vida separada. A influência dos ímpios certamente começou a produzir frutos nele e em sua família. Os seus valores e padrões não eram mais ditados por Deus, mas pela sociedade ao redor dele. Ló "... se afligia com o procedimento libertino dos que não tinham princípios morais (pois, vivendo entre eles, todos os dias aquele justo se atormentava em sua alma justa por causa das maldades que via e ouvia)." (2 Pe 2:7-8).

O dia do julgamento teria vindo sobre ele como um ladrão durante a noite, se não fosse pelos mensageiros que Deus enviara para adverti-lo. Porém, mesmo depois desta advertência sobre o julgamento, sua esposa escolheu olhar para trás, porque estava tão influenciada pelo mundo que não temia mais ao Senhor. Esta é a razão pela qual Jesus nos adverte, dizendo: "*Lembrem-se da mulher de Ló!* Quem tentar conservar a sua vida a perderá, e quem perder a sua vida a preservará." (Lc 17:32-33) *(grifo do autor)*.

Primeiro Virá Elias

Deus disse que enviaria o profeta Elias antes do grande e terrível dia do Senhor. Este Elias que está para vir não é o Elias de 1 e 2 Reis reencarnado. O texto não está se referindo a um homem histórico e nem está limitado a um mero homem. Ao contrário, descreve o verdadeiro significado de "Elias". Explico, a palavra Elias vem de duas palavras hebraicas *el* e *Yahh*. *El* significa "poder ou força" e *Yahh*, o próprio nome do único Deus verdadeiro, Jeová. Colocando-as juntas, chegamos a "poder ou força de Jeová, o único Deus verdadeiro". Então, o que Malaquias estava dizendo era que, no período anterior ao dia do Senhor, Deus enviaria um manto ou uma unção profética na força e no poder do único Deus verdadeiro.

Antes da primeira vinda de Jesus, o anjo Gabriel apareceu a Zacarias, o pai de João Batista, e descreveu o chamado na vida de seu filho assim:

> "Fará retornar muitos dentre o povo de Israel ao Senhor, o seu Deus. E irá adiante do Senhor, *no espírito e no poder de Elias*, para fazer voltar o coração dos pais a seus filhos e os desobedientes à sabedoria dos justos, *para deixar um povo preparado para o Senhor*."
> – LUCAS 1:16-17 *(grifo do autor)*

O profeta João Batista foi o Elias enviado para preparar o caminho do Senhor antes da primeira vinda de Jesus. Ele era a "voz do que clama no deserto: 'Preparem o caminho para o Senhor, façam veredas retas para ele'." (Mc 1:3). O impulso de seu ministério era trazer o coração dos filhos de Israel de volta para Deus. E sua mensagem era: "Ele dizia: 'Arrependam-se, pois o Reino dos céus está próximo.'" (Mt 3:2). Arrependimento significa uma mudança de coração, não apenas uma mudança de ação. As ações dos filhos de Israel eram muito religiosas, mas o coração deles estava longe de Deus. Milhares frequentavam as sinagogas fielmente, inconscientes da verdadeira condição de seus corações. Então Deus levantou o profeta João para expor a real condição do coração deles. João dirigiu-se à multidão: "Raça de víboras! Quem lhes deu a ideia de fugir da ira *[julgamento]* que se aproxima? Deem frutos que mostrem o arrependimento. E não comecem a dizer a si mesmos: 'Abraão é nosso pai'...." (Lc 3:7- 8)*[acréscimo do autor]*.

Ele expôs o engano no qual seus corações estavam confiando. Eles criam que estavam justificados porque eram filhos de Abraão e por causa de sua fidelidade na frequência à sinagoga e na entrega dos dízimos. João não foi enviado aos gentios que nunca haviam confessado que conheciam a Deus, mas foi enviado para despertar as "ovelhas perdidas" da casa de Israel e prepará-las para receberem Jesus.

João Batista cumpriu as profecias de Elias para os seus dias antes da primeira vinda do Senhor Jesus. Todavia, Malaquias também profetizou que esta unção seria enviada antes do grande e terrível dia do Senhor. Isto significa que existem dois diferentes cumprimentos da profecia, o que é explicado através do seguinte texto bíblico:

> "Seis dias depois, Jesus tomou consigo Pedro, Tiago e João, irmão de Tiago, e os levou, em particular, a um alto monte. Ali ele foi transfigurado diante deles. *Sua face brilhou como o sol, e suas roupas se tornaram brancas como a luz.* Naquele mesmo momento apareceram diante deles Moisés e Elias, conversando com Jesus."
> — MATEUS 17:1-3 *(grifo do autor)*

O texto ressalta que a face de Jesus brilhava como o sol, que as suas vestes tornaram-se brancas como a luz e que Moisés e Elias apareceram e conversaram com Ele. Quando Jesus retornar naquele grande e terrível dia, Ele irá governar e reinar por mil anos sobre a Terra em seu corpo glorificado, e os seus santos irão governar com Ele. Continuando a narração bíblica, lemos:

> "Enquanto desciam do monte, Jesus lhes ordenou: 'Não contem a ninguém o que vocês viram, até que o Filho do homem tenha sido ressuscitado dos mortos'. Os discípulos lhe perguntaram: 'Então, por que os mestres da lei dizem que é necessário que Elias venha primeiro?'. Jesus respondeu: 'De fato, *Elias vem [primeiro]* e restaurará todas as coisas. Mas eu lhes digo: *Elias já veio*, e eles não o reconheceram, mas fizeram com ele tudo o que quiseram. Da mesma forma o Filho do homem será maltratado por eles'. Então os discípulos entenderam que era de *João Batista* que ele tinha falado."
> — MATEUS 17:9-13 *[ênfase do autor](grifo do autor)*

Jesus falou isto depois que João tinha sido decapitado. Note que Ele se refere a dois diferentes períodos de tempo da unção de Elias: futuro vem e passado *já veio*.

Antes da segunda vinda de Jesus Cristo, uma vez mais Deus irá levantar uma unção profética. Todavia, dessa vez o manto não cairá sobre um homem apenas, mas sobre, um grupo de profetas, homens e mulheres ungidos no corpo de Cristo. No livro de Atos, Pedro citou o profeta Joel:

> "...Os seus filhos e as suas filhas profetizarão, os jovens terão visões, os velhos terão sonhos. Sobre os meus servos e as minhas servas derramarei do meu Espírito naqueles dias, e eles profetizarão. Mostrarei maravilhas em cima, no céu, e sinais em baixo, na terra: sangue, fogo e nuvens de fumaça. O sol se tornará em trevas e a lua em sangue, <u>antes que venha o grande e glorioso dia do Senhor.</u>"
> – ATOS 2:17-20 *(grifo do autor)*

Uma das definições da palavra "profecia", na língua grega nos versos acima, é "falar sob divina inspiração". Como podemos notar, esta unção para falar o que Deus colocar em nossos corações não será limitada apenas ao ministério profético, mas virá sobre pastores, professores, evangelistas e apóstolos. Virá sobre aqueles ministros que seguirão a Deus completamente, que não estejam preocupados em construir seus próprios ministérios, nem se intimidem com as opiniões de homens ou de organizações. Esta unção também virá sobre os remanescentes, homens e mulheres, que seguirão a Deus de todo o coração sem temer o homem. Jovens que, embora não estejam no ministério de tempo integral, vão fluir nesta unção que irá cair sobre o povo remanescente na Igreja. Estes não dobrarão seus joelhos, comprometendo-se com o mundo, mas prepararão a Igreja para o retorno do Senhor.

Como João Batista, estes Elias vão buscar as ovelhas perdidas que se decepcionaram com a estrutura da Igreja, assim como aquelas que se afastaram por causa de alguma ofensa. Há muitos que frequentam a igreja e se sentem prontos para o retorno de Jesus. Como no tempo de João Batista, eles crêem que pelas suas obras, boa conduta, frequência à igreja, por seus dízimos ou pelo fato de que um dia fizeram a oração de entrega a Cristo, estão justificados. Podem até crer que estejam justificados, mas a verdade é que eles não estão prontos para a volta de Jesus.

Há ministros que vivem aquém do padrão que Deus estabeleceu para eles. Suas vidas estão cheias de ambição e de prazer. Eles usam o ministério para servir a si mesmos e para alcançarem seus próprios alvos. Alguns vivem como hipócritas, ignorando e atemorizando sua família. Contudo, na igreja, agem espiritualmente e com amor. Um líder não pode ocupar posição acima de sua condição pessoal perante Deus. Ele pode parecer firme por algum tempo, mas cedo ou tarde será apanhado por seus próprios erros. Da mesma forma, os líderes religiosos da época de João Batista criam que, através do serviço, do treinamento, das experiências e da boa amizade com os colegas de ministério e com as organizações, eram justos aos olhos de Deus. Ou, talvez, porque muitos seguiam seu ministério, criam que Deus os tinha aprovado. Os fariseus tinham um grande número de seguidores até que a Palavra do Senhor veio a João Batista no deserto e eles começaram a deixá-los. Então aqueles ministros hipócritas vieram ouvir o que Deus estava dizendo através de um homem que entregou não apenas sua boca para Deus, mas também sua vida inteira!

Sim, o dia do Senhor virá sobre os ministros que são arrogantes e orgulhosos. Na verdade, o julgamento vai começar com eles. Haverá um esquadrinhamento de suas vidas privadas e de suas motivações. Eles também pensavam que, "desde que seus pais dormiram, tudo permanece o mesmo". Ministros do Senhor, abram seu coração agora para que possam cumprir o chamado de Deus em suas vidas e assim escapar do Seu julgamento. Antes de prosseguirmos para o próximo capítulo, quero encorajá-lo a ler a introdução, caso ainda não o tenha feito. A mensagem deste livro é forte. Mas é forte para salvar vidas e não para destruí-las. É forte para salvar ministros e não para destruí-los. Ela pode até remover as partes de seu ministério que foram edificadas pela força da carne, mas lembre-se: Deus não destrói ou corta pela raiz ou arrasa nossas vidas e ministérios sem edificar e plantar algo novo em seu lugar. A mensagem deste livro é a mensagem sobre o amor e a misericórdia de Deus. Ele nos adverte para que não sejamos julgados com o mundo, como a esposa de Ló!

Capítulo 2

O Ministério Profético

Se eu quero alguma coisa em você, você pode manipular-me, controlar-me ou dominar-me.

•

> "Naqueles dias surgiu João Batista, <u>pregando no deserto</u> da Judéia. Ele dizia: '<u>Arrependam-se</u>, pois o Reino dos céus está próximo.' Este é aquele que foi anunciado pelo profeta Isaías: '<u>Voz do que clama no deserto: 'Preparem o caminho para o Senhor, façam veredas retas para ele.</u>'"
> – MATEUS 3:1-3 *(grifo do autor)*

A Unção Profética

João Batista foi um pregador, não um professor. Para ser mais específico, ele era um proclamador daquilo que Deus estava dizendo. Não encontramos João Batista ensinando em nenhum lugar nas Escrituras. Isto é característico dos que andarão na unção de Elias nos últimos dias. Quando operam debaixo dessa unção, eles primariamente estarão proclamando o que Deus está dizendo. Não encontraremos estes homens e mulheres pregando um sermão de cinco pontos ou tópicos. Profetizar significa falar debaixo de divina inspiração. Uma outra forma de dizer isto é ser um "porta-voz". Deus disse a Moisés a respeito de Arão: "Você *[Moisés]* falará com ele *[Arão]* e <u>porás as palavras na boca</u>

dele ... assim ele _falará por ti_ ao povo; _ele te será por boca_, e tu lhe serás por [_como_] _Deus_" (Êx 4:15-16) *[inserção do autor]* e *(grifo do autor)*. O Senhor disse que Arão falaria exatamente o que Moisés lhe dissera para falar. Arão não falaria o que Moisés *havia dito*, mas o que Moisés *estava dizendo*. *Ele seria a boca de Moisés*. Mais tarde, Deus falou da seguinte forma: "Dou-lhe a minha autoridade perante o faraó, e seu irmão Arão será _seu porta-voz_." (Êx 7:1) *(grifo do autor)*. Moisés era quem tinha a mensagem, mas Arão era o que entregava a mensagem. Arão era o porta-voz ou o profeta de Moisés.

O ensino estabelece o que já foi proclamado. Sempre teremos professores no corpo de Cristo para fortalecer palavra por palavra o que já foi pregado. Profetizar, no entanto, significa falar como um oráculo de Deus. Você não chega com uma mensagem já planejada. Você abre a boca, Deus coloca as palavras nela e você fala. Você se torna os lábios de Deus.

Hoje temos muitas pessoas que ensinam a Palavra de Deus escrita. Elas falam aos homens a respeito de Deus. No entanto, Deus está levantando homens e mulheres que não apenas confiem no seu próprio entendimento e falem de acordo com a letra, mas abram sua boca e falem pelo Espírito de Deus. Se eles ensinam, será profeticamente, por divina inspiração e não através de uma mensagem planejada da qual eles não podem se desviar.

Muitas das proclamações desses profetas serão um chamado para mudanças, porque a missão prioritária deles será converter o coração das pessoas de volta para Deus. A mensagem deles talvez não pareça "agradável", mas trará uma forte convicção. A mensagem deles, em algumas áreas, será como um machado esmiuçando uma árvore. Eles irão ordenar, repreender, corrigir e exortar com toda autoridade e com um coração cheio do amor de Deus por seu povo. Eles não serão críticos, desconfiados como muitos dos autodenominados profetas de hoje.

Há muitos hoje que pensam que para um ministro se tornar um profeta ele precisa entregar profecias, palavras de conhecimento e de sabedoria do modo como as pessoas estão acostumadas a ouvir. Um profeta pode entrar num culto e nunca dizer: "Assim diz o Senhor..." Contudo, sua mensagem pode ser inteiramente profética, de palavras de conhecimento e de sabedoria! A razão pela qual a maioria das pessoas não reconhece um profeta é porque estão procurando ver se suas mensagens estão empacotadas da maneira "comum", como as que se iniciam dessa forma: "Assim diz o Senhor..."

João Batista nunca disse: "Assim diz o Senhor..." Na verdade, a maioria das pessoas na Igreja hoje diria que João Batista era um evangelista e não um profeta, porque muitos se arrependeram como resultado de suas mensagens e por ele não entregar profecias individuais. Se limitarmos o ofício profético àquilo que pensamos que isto seja, por causa do que as pessoas nos ensinaram no passado, podemos perder aquilo que Deus está trazendo nestes últimos dias através de seus Elias! Alguns talvez digam: "Mas as profecias do Novo Testamento são para edificação, exortação e conforto". Essa foi exatamente a razão do ministério de João Batista. Vamos observar o que ele pregava. Leia atentamente o que profetizava e observe cuidadosamente o último verso:

"João dizia às multidões que saíam para serem batizadas por ele: "Raça de víboras! Quem lhes deu a ideia de fugir da ira que se aproxima? Deem frutos que mostrem o

arrependimento. E não comecem a dizer a si mesmos: 'Abraão é nosso pai'. Pois eu lhes digo que destas pedras Deus pode fazer surgir filhos a Abraão. O machado já está posto à raiz das árvores, e toda árvore que não der bom fruto será cortada e lançada ao fogo"... "'Eu os batizo com água. Mas virá alguém mais poderoso do que eu, tanto que não sou digno nem de desamarrar as correias das suas sandálias. Ele os batizará com o Espírito Santo e com fogo. Ele traz a pá em sua mão, a fim de limpar sua eira e juntar o trigo em seu celeiro; mas queimará a palha com fogo que nunca se apaga'. *E com muitas outras palavras João exortava o povo e lhe pregava as boas novas*".
– LUCAS 3:7-9; 16-18 *(grifo do autor)*

Deus chama a pregação de João Batista de exortação, apesar de iniciar sua mensagem chamando-os de raça de víboras e depois advertí-los de que, se não se arrependessem, seriam julgados! Você acha que temos tido uma visão distorcida ou limitada do que edificação, exortação e consolo significam? Esses três são a verdade que nos tornam livres.

Se você precisar de informações adicionais, veja a mensagem de Jesus às sete igrejas da Ásia, no livro de Apocalipse, capítulos 2 e 3. Aos crentes de uma igreja Ele diz que se não se arrependessem iria *vomitá-los de sua boca!* Quantos hoje considerariam esta declaração como uma edificação, exortação ou consolo? Se você observar a maneira como Jesus iniciou cada mensagem às sete igrejas, você notará que Ele diz: "*Ao anjo da Igreja em...*" A palavra grega "anjo" é *aggelos* que significa "mensageiro". Esta é a mesma palavra grega usada para descrever o ministério de João Batista: "Conforme está escrito no profeta

Isaías: 'Enviarei à tua frente *o meu mensageiro*; ele preparará o teu caminho.'" (Mc 1:2) *(grifo do autor)*. "Mensageiro" neste versículo é também a palavra grega *aggelos*. Esses mensageiros enviados às igrejas em Apocalipse são os profetas Elias. Eles não estão trazendo um ensino agradável, mas sim a mensagem do Senhor, de arrependimento, à sua Igreja.

Um ponto que deveria ficar claro é que aquele que profetiza neste dia e nesta hora, sempre falará de acordo com o que já está escrito na Bíblia. Porque Deus disse que ninguém pode adicionar ou tirar um só acento das palavras da Bíblia.

O Campo de Treinamento

Observe onde João pregava: no deserto. O campo de treinamento para esses profetas será o deserto ou lugares áridos. "E o menino crescia e *se fortalecia em espírito*; e viveu no *deserto*, até aparecer publicamente a Israel." (Lc 1:80) *(grifo do autor)*. João Batista cresceu e se tornou forte no espírito no deserto! Não foi nos palácios, seminários, escolas bíblicas ou nas sinagogas, mas no deserto. Profeticamente isso mostra que o treinamento para esses profetas Elias não será fácil! Deus será exigente com eles. É como ser treinado para uma tropa de elite. Eles têm que passar por um treinamento muito mais forte do que os soldados comuns. Por quê? Porque eles irão a lugares mais perigosos do que aqueles que um soldado raso enfrentará.

No deserto, João aprendeu que o Senhor era a sua fonte, não o homem ou as instituições. Ele não era sustentado por sua denominação ou igreja. Ele não buscou sustento através de uma lista de contatos ou de um empresário rico, nem através de cartas com promessas de Deus àqueles que ofertassem para seu ministério. Sua motivação não era receber, mas dar.

Ele não gerou sustento escrevendo cartas às sinagogas locais pedindo para pregar nas congregações ou preenchendo sua agenda com uma visita às maiores sinagogas para que o seu orçamento fosse atingido. Suas necessidades não eram satisfeitas mediante conversas bajuladoras com os ricos, dando-lhes tratamento especial. Suas necessidades eram supridas pelo Senhor.

João Batista aprendeu que o Senhor era sua fonte completa naquele deserto! Nenhum homem ou ministério o sustentou. Portanto, ele podia falar o que Deus mandava, sem medo de ser rejeitado! Hoje em dia, muitos pregadores estão presos pela preocupação sobre o que os membros de sua igreja pensam deles ou de suas mensagens. A junta de diretores é quem os controla e não o Espírito de Deus. O medo de ser rejeitado os domina. São como marionetes, controlados pela aprovação dos homens.

Deixa-me colocar isso de outra maneira. Se quero alguma coisa de você - quer seja o seu dinheiro, amizade, aprovação, aceitação, uma posição que você possa me oferecer ou uma segurança que você possa me dar - então, você pode me manipular, controlar ou me dominar. Se eu quero qualquer coisa de você, então você se torna a fonte, e se eu ofender essa fonte aquilo que eu quero pode ser recusado. Isso é temer o homem. Você não pode temer o homem e a Deus ao mesmo tempo. Você vai temer a um ou ao outro. A razão por que o ensino e a pregação de muitos obreiros não têm efeito é que eles estão amarrados pelo temor ao homem! *"O temor do SENHOR é o princípio da sabedoria..."* (Sl 111:10) "Quem *teme o homem* cai em armadilhas..." (Pv 29:25). Se um ministro teme a Deus, ele vai operar na sabedoria de Deus. Haverá liberdade e vida em tudo o que ele diz e faz. Se um ministro teme ao homem, isso será uma cilada para ele. Uma cilada é uma armadilha que o homem usa para pegar animais. Certa manhã, perguntei ao Senhor o que seria o temor do homem. Ele disse: "O temor do homem é o medo de ser rejeitado pelo homem, sem considerar a minha rejeição!" O medo de ser rejeitado pelo homem é uma armadilha! Quantos crentes estão aprisionados por essa armadilha, pelo desejo de obter a aprovação dos homens! João Batista aprendeu no deserto que Deus era a sua fonte. Ele não queria nada das pessoas; desde que a mensagem de Deus fosse pregada através dele, não importava se as pessoas ou os líderes o rejeitassem, pois ele não queria nada deles.

João aprendeu a ouvir a voz do Senhor no deserto. Ele não estava repetindo o que ouvia outro pregador ensinar. Ele não lia livros para retirar deles seus sermões. Ele não estudava horas e horas para montar uma nova mensagem. Ele não foi instruído sobre como preparar um sermão nem recebeu qualquer treinamento homilético. Ele tinha a unção do Senhor. Ele buscava a Deus e o Senhor revelava-se a Ele! Ele sabia o que Deus dissera: "Vocês me procurarão e me acharão quando me procurarem de todo o coração." (Jr 29:13). Uma de minhas responsabilidades, quando trabalhei por quatro anos e meio no ministério de socorro, era cuidar dos ministros que visitavam nossa igreja. Eu servia a Deus numa mega igreja em Dallas, no Texas, que tinha um ministério múltiplo. Muitas vezes, os ministros me ofereciam conselhos sobre o ministério para o qual percebiam que eu era chamado. Um homem falou-me para comprar um livro sobre como fazer amigos e influenciar as pessoas. Outro aconselhou-me a adquirir um livro sobre como se vestir para o sucesso, dizendo que no ministério temos sempre de nos vestir da maneira correta. Ele orientou-me a usar gravatas marcantes ternos escuros e nunca usar camisa de mangas curtas. Um outro disse: "Sempre esteja no lugar certo no momento certo. Visite as igrejas e seminários onde haja muitos pastores e sempre tenha muitos cartões de visita no bolso. Faça os pastores saberem que você está disponível para pregar". Outro homem advertiu-me a sempre falar palavras positivas para minhas audiências: "Nunca fale de forma negativa". Tenho certeza que muitos jovens ouviram as mesmas coisas nos seminários e nas escolas bíblicas.

Penso que esses homens não consideraram o ministério de João Batista. "Sempre estar no lugar certo, no momento certo." Lá estava ele, quinze quilômetros no meio do nada. Ele não colocou um anúncio num jornal cristão sobre o seminário profético que ele estava ministrando no deserto. Não colocou propaganda em nenhuma revista cristã, dizendo: "Venha à minha conferência profética e em uma semana você será um profeta". Ele nem mesmo distribuiu folhetos por toda a Jerusalém, anunciando sua convenção. Mesmo assim, a Bíblia mostra claramente que a Palavra do Senhor veio a ele no deserto. "A ele vinha gente de Jerusalém, de toda a Judéia e de toda a região ao redor do Jordão." (Mt 3:5). O que, ou quem, levou todas aquelas pessoas para o deserto?

E quanto ao conselho: "Sempre fale coisas positivas à sua audiência"? As primeiras palavras que saírem da boca de João Batista no Evangelho de Lucas foram: Raça de víboras! Foi assim que ele iniciou o culto! Você pode imaginá-lo olhando para aquela multidão e dizendo que eles eram um bando de cobras venenosas? Era o "Como fazer amigos e influenciar pessoas" de João Batista?

"Vista-se para o sucesso!" Ele usava um terno italiano no valor de três mil reais e um par de sapatos de couro de lagarto legítimo, certo? Não! Ele provavelmente tinha um pedaço de pêlo de camelo enrolado em seu corpo com um cinto de couro para segurar. Talvez tivesse os pés sujos e mau hálito. Quando pregava, talvez cuspisse acidentalmente naqueles que estavam mais próximos, porque seu fervor estava a todo vapor.

Essa é a razão por que Jesus disse a seu respeito: "Ou, o que foram ver? Um homem vestido de roupas finas? Ora, os que usam roupas finas estão nos palácios reais. Afinal, o que foram ver? <u>Um profeta</u>? Sim, eu lhes digo, e mais que profeta. Este é aquele a respeito de quem está escrito: "Enviarei o meu mensageiro à tua frente; ele preparará o teu caminho diante de ti" (Mt 11:8-10)*(grifo do autor)*.

Pessoas famintas viajarão quilômetros e enfrentarão o desconforto para ouvir a Palavra do Senhor. Muitas pessoas nos Estados Unidos estão fartas de pregações e ensinos sem vida. Elas estão cansadas de ouvir homens sem a unção do Espírito. Estão saturadas de sermões que não penetram os corações nem provocam mudanças nas pessoas.

Recentemente, fui convidado para pregar numa igreja na Califórnia, num domingo à noite. Então, cheguei mais cedo para ouvir o pastor pregar no domingo pela manhã. Foi maravilhoso e cheio de vida. Eu sabia que ele tinha uma mensagem planejada, mas ele não estava preso a ela. Pude notar que o Espírito de Deus estava falando através dele, mesmo tendo ele mais talento para ensinar do que para pregar. Ele estava ensinando profeticamente. Ele estava falando dos mistérios de Deus. No dia seguinte, num momento de oração, perguntei ao Senhor por que todos os pastores não podiam falar com esse nível de unção e vida cristã. Estava me sentindo pesaroso pelos pastores que não podiam pregar como aquele homem. O Senhor respondeu-me, dizendo: "John, todos os que tenho chamado para o ministério podem pregar com esse nível. O único problema é que eles me limitam através de suas mensagens pré-planejadas. Eles não podem confiar em mim para falar através deles!" Os homens limitam Deus de acordo com o entendimento que têm de Deus ao invés de permitir que Ele opere através deles como vasos. Todas as vezes que me rendo a Deus e o deixo falar através de mim, Ele me revela mais de sua natureza.

Por que temos de colocar Deus dentro do limite da nossa zona de conforto? Muita gente tenta colocá-lo dentro de seus limites intelectuais. Você não pode confinar o mover do Espírito dentro do seu entendimento. Tentar colocar Deus dentro do seu reino racional é como tentar prender o vento numa jaula. Ele é como o vento. É impossível confiná-lo. Tudo que podemos fazer é apenas nos render a Ele.

Esta nação precisa de homens e mulheres de Deus que não "façam cócegas nas orelhas" das pessoas para quem estão pregando. Precisamos de pregadores que falem às pessoas o que elas precisam ouvir, não o que desejam ouvir! Necessitamos de homens e mulheres que saibam que a sua fonte é Deus e não a igreja ou as pessoas. Nos Estados Unidos hoje, os ministros aprenderam a como apertar o botão certo para obter a resposta que desejam. Se a verdadeira motivação deles fosse revelada, descobriríamos que o que desejam realmente é que as pessoas fiquem empolgadas com o ministério deles para que entreguem ofertas generosas e voltem trazendo seus amigos.

Em muitas igrejas não há mensagens desafiadoras que convençam os membros de seus pecados. A condição da Igreja vai de mal a pior por causa dos ministros que estão mais preocupados com sua reputação do que em proclamar a verdade. Precisamos nos tornar como o Mestre que "esvaziou-se a si mesmo"

(Fp 2:7). Precisamos de pregadores que saibam que se Deus tiver de trazer o sustento deles através dos corvos ou dos anjos, Ele é capaz de fazer isso. Ele não depende dos membros da igreja ou da mala direta!

João Não Estava Procurando um Lugar Para Pregar

João Batista não foi treinado para o ministério como os jovens religiosos de sua época. Todos eles estudaram nas escolas bíblicas de Jerusalém, aos pés de Gamaliel, para se tornarem sacerdotes, fariseus e professores da Lei. O pai de João era um sacerdote - o sumo sacerdote. A herança de João seria que se tornasse um sacerdote, como seu pai. Ele também deveria estudar nas escolas de Jerusalém, graduar-se e ser ordenado. Depois seria colocado numa sinagoga para ministrar. No entanto, quanto mais João buscava o Senhor na sua juventude, mais ele se distanciava do ministério profissional. Ao invés de Deus guiá-lo para um seminário, levou-o para o deserto!

Você pode imaginar o conflito interior que se instalou dentro dele enquanto em sua mente racionalizava tudo: "Todos os meus amigos que cresceram comigo estão indo para o Seminário. Vão receber diplomas e reconhecimento como líderes. Serão ordenados e terão habilidade para pregar em todas as sinagogas do país. O que eles vão pensar ao meu respeito? Como vou cumprir o chamado da minha vida se não compareço às convenções e não entrego meu cartão aos rabinos para que possam me convidar para pregar nas suas sinagogas? Meu salário de pregador será o menor de todos porque não tenho uma família para sustentar. Estou cheio do Espírito Santo e sei que há um chamado em minha vida para pregar. Meu pai contava que um anjo anunciou meu nascimento e meu ministério. Se for para o deserto, ninguém saberá quem eu sou! Nunca serei convidado para pregar!" Todavia, o chamado ardente para se dirigir ao deserto venceu o raciocínio do seu intelecto. Ele decidiu seguir o Espírito, não se importando com aquilo que seus familiares ou amigos pensavam ou o que a tradição exigia.

O Evangelho de Lucas registra: "Anás e Caifás exerciam o sumo sacerdócio. Foi nesse ano que veio a palavra do Senhor a João, filho de Zacarias, no deserto." (Lc 3:2) *(grifo do autor)*. "A ele vinha gente de Jerusalém, de toda a Judéia e de toda a região ao redor do Jordão." (Mt 3:5). João não estava procurando um lugar para pregar através do "... presente *[que]* abre o caminho para aquele que o entrega..." (Pv 18:16)*[inserção do autor]*. Ele sabia que Deus lhe daria eloquência e abriria portas para a proclamação da Palavra que o Senhor colocara em seu coração.

Fui pastor para os adultos jovens numa grande igreja de Orlando, Flórida, de 1987 a 1989. O pastor titular sabia que Deus nos queria - eu e minha esposa - num ministério itinerante de tempo integral. Então, numa reunião de pastores, no início de 1989, ele fez esse anúncio. O pastor e eu sentimos que o momento certo seria o primeiro dia de janeiro de 1990. Baseada nisso, a igreja continuaria pagando nosso salário até o dia 31 de dezembro de 1989 e, conforme planejado, seríamos enviados em janeiro de 1990.

Quando chegou novembro, eu sabia que nosso salário seria cortado dentro de um mês e tudo que eu tinha agendado era um culto numa pequena igreja, na Carolina do Sul, para a primeira semana de janeiro, e numa outra igreja no Tennessee, para o final de fevereiro. Tudo o que tínhamos era trezentos dólares na poupança e dois filhos pequenos com necessidades a serem supridas. Meu pastor, que é muito conhecido no meu país, deu-me uma maravilhosa carta de recomendação e forneceu-me um estoque de seiscentos cartões de visita com endereços de igrejas nas quais ele estivera. Eu havia feito muitas cópias da carta e estava pronto para endereçar os envelopes para seiscentos pastores quando o Espírito do Senhor veio a mim e disse: "O que você está fazendo, John?" "Eu estou informando aos pastores que estou disponível para ministrar", respondi. Ele, imediatamente, disse-me: "Você vai sair fora da minha vontade!" Eu disse: "Deus, ninguém me conhece aí fora!" Então Ele respondeu: "Eu conheço você!" Eu sabia que Ele estava me mostrando que sua estratégia não era fazer propaganda da minha pessoa. Eu não chamava isso de propaganda, mas era exatamente isso! Quando o ouvi dizendo isso, joguei fora aquelas cartas e os envelopes já endereçados. Isso não estava de acordo com aquilo que me ensinaram para o ministério, mas sabia que Deus tinha falado comigo.

Desde então, não tivemos falta de um centavo nem ficamos sem trabalho. Não demos um telefonema ou escrevemos uma carta, a menos que ficássemos sabendo antecipadamente que determinado pastor queria que entrássemos em contato com ele. Temos visto Deus abrindo portas de forma a nos deixar extasiados. Nos dois anos seguintes, ministramos nas igrejas em dezesseis estados e em outras cinco nações.

Ministros (e ministérios) nos Estados Unidos têm se tornado profissionais e políticos em muitas áreas. Deus está procurando homens e mulheres que confiem nele sem tentar ajudá-lo a fazer isso.

Hoje há ministérios itinerantes que tentam enviar informações de pacotes promocionais, procurando vender seu ministério aos pastores. Entram em contato com igrejas e se prostituem vendendo seus dons. Temos assalariados que viajam e cobram para "ministrar". Eles justificam a prostituição do dom de Deus dizendo que têm um orçamento para cobrir e que as igrejas nem sempre percebem quais são suas necessidades. Eles só aceitam um convite para pregar depois de se certificarem que receberão certo montante de dinheiro e provisão. Fazem das igrejas a sua fonte, e não Deus!

Por outro lado, há também alguns pastores que da oferta levantada dão apenas uma porção para o ministério itinerante e guardam outra porção para os "gastos do culto". Estes têm se tornado tão avarentos a ponto de esquecerem que um homem não vai para a batalha a sua própria custa (1 Co 9:7). Estão tão preocupados com a necessidade de cobrir suas despesas que roubam do ministério itinerante. Tudo se resume em cuidar de si mesmo! O amor de Deus não é assim. O amor de Deus dá sem pensar em si mesmo!

Estas pessoas têm centralizado o ministério no egoísmo. O dinheiro tornou-se o fator motivador. Esta é a razão por que as pessoas ricas controlam muitos ministros. Esta é a razão por que vemos esses ricos manipuladores assentados em lugares especiais nas igrejas e tendo voz na liderança, ao invés desses lugares serem ocupados pelos santos homens e mulheres de Deus.

Precisamos fazer com que nossa maneira de "ministrar" se volte para a maneira de Deus. Este é o propósito pelo qual Deus está levantando este ministério de Elias nos últimos dias antes do retorno de Cristo. Esses homens e mulheres irão até a liderança e ao restante da igreja para chamá-los ao arrependimento. Eles irão "...adiante do Senhor, no espírito e no poder de Elias, *para fazer voltar o coração dos pais [líderes da igreja e pais biológicos] a seus filhos* e os desobedientes à sabedoria dos justos, para deixar um povo preparado para o Senhor." (Lc 1:17), *(grifo do autor)* e *[inserção do autor]*.

Capítulo 3

A Voz do que Clama

O seu fruto revelará qual o seu chamado.

"<u>Princípio do evangelho de Jesus Cristo</u>, o Filho de Deus. Conforme está escrito no profeta Isaías: 'Enviarei à tua frente o meu mensageiro; ele preparará o teu caminho'. '<u>voz do que clama</u> no deserto: 'Preparem o caminho para o Senhor, façam veredas retas para ele'"
– MARCOS 1:1-3 *(grifo do autor)*

O Princípio do Evangelho de Jesus Cristo

Muitos diriam que João foi um profeta do Velho Testamento e que seu ministério não se aplica aos nossos dias. Se esse fosse o caso, por que Deus não inspirou um quadragésimo livro para o Velho Testamento e o chamou de "João Batista"? Ao invés disso, Ele claramente descreve o ministério de João Batista como o "princípio do evangelho de Jesus Cristo" (Mc 1:1). João encontra-se no início de todos os quatro Evangelhos. Jesus tornou isso absolutamente claro ao dizer: "A Lei e os Profetas profetizaram <u>até João.</u>" (Lc 16:16), *(grifo do autor)*. E, ainda repetiu: "Desde os dias de João Batista até agora, o Reino dos céus é tomado à força, e os que usam de força se apoderam dele. <u>Pois</u>

todos os Profetas e a Lei profetizaram até João." (Mt 11:12: 13) *(grifo do autor).*

A mensagem de João era uma mensagem de arrependimento. "Assim surgiu João, batizando no deserto e *pregando um batismo de arrependimento* para o perdão dos pecados." (Mc 1:4), *(grifo do autor).* A palavra "batismo" significa imergir ou dominar. Sua mensagem não era sobre um arrependimento parcial para entrar no Reino de Deus, mas um arrependimento total do coração. Muitos pregam que as pessoas podem ser salvas simplesmente fazendo a oração de entrega a Jesus e tornando-se membro de uma igreja. Isso quase sempre produz uma conversão falsa porque, quando as pessoas perguntaram a Pedro o que deveriam fazer para serem salvas, ele declarou com ousadia: "*Arrependam-se*, pois, e *voltem-se para Deus* [convertam-se], para que os seus pecados sejam cancelados..." (At 3:19), *(grifo do autor)* e *[inserção do autor].* Para que os pecados sejam apagados é necessário arrependimento e conversão. Sem um verdadeiro arrependimento, não haverá uma verdadeira conversão. Isso será tratado em outro capítulo deste livro.

Ser Conhecido Pelo Fruto, Não Pelo Cartão de Visita

João Batista era descendente de um sumo sacerdote, da tribo de Levi. Quando os sacerdotes e levitas de Jerusalém o questionaram sobre quem ele era, ele respondeu dizendo que não era o Cristo. "Perguntaram-lhe: 'E então, quem é você? É Elias?' Ele disse: 'Não sou'. 'É o Profeta?' Ele respondeu: 'Não'." (Jo 1:21). João respondeu rapidamente, dizendo "não" às perguntas "És tu Elias?" e "És tu o profeta?".

Por que ele negou ser o profeta Elias, sendo que o anjo Gabriel e Jesus haviam dito que ele o era (Lc 1:17; Mt 17:12-13)?

Creio que uma das razões foi para chamar a atenção daqueles homens de volta para Deus, pois estavam presos aos seus títulos ministeriais e ao louvor dos homens.

O ministério era um grande negócio naquela época, da mesma forma que o é hoje. Se aquele povo tivesse os mesmos recursos que temos hoje, nós os veríamos na mesma rota que temos estado na última parte do século XX: programas cristãos na televisão que mais parecem produções de Hollywood, encorajando os cristãos a serem espectadores e "músicas cristãs" que seguem o padrão do mundo e não de Deus. Alguns exigem uma soma exorbitante de dinheiro para "ministrar" seus cânticos. Se a igreja não puder pagar o preço que exigem, eles simplesmente não vêm. Eles têm empresários para programar sua agenda e não o Espírito Santo. A ênfase está no entretenimento, e não na ministração, ainda que eles se autodenominem ministros. Muitos defendem esses músicos dizendo que estão levando a mensagem àqueles que nunca ouviram. A pergunta é: que tipo de mensagem estão proclamando? O estilo de vida de um ministro fala mais alto do que aquilo que ele prega ou canta! Que espécies de convertidos estão sendo produzidos? Aqueles que deixam tudo para seguir a Jesus ou aqueles que compraram a mentira de que podem servir a Jesus e amar o mundo ao mesmo tempo? A maneira pela qual ganhamos essas vidas para Cristo é a maneira pela qual iremos mantê-las.

Através dos anúncios nas publicações cristãs, percebemos uma clara competição entre os ministros, a ponto de questionarmos se trata-se de um ministério ou um grande negócio. O profeta 'fulano de tal' vai realizar o seminário Escola de Profetas. Venha e divirta-se com as atrações da cidade, enquanto participa das reuniões e se torna um profeta dos últimos dias. O pastor 'beltrano' realizará sua convenção anual. Você não pode perder! Sua vida será mudada para sempre." Parece que estão num concurso de popularidade e não no ministério cristão. Então, quando muitos deles se levantam para pregar, gastam muito tempo falando sobre as maravilhas do seu ministério e sobre como estão indo bem na igreja. Quem está recebendo atenção: o Senhor ou o ministério deles?

Paulo disse: "Acaso busco eu agora a aprovação dos homens ou a de Deus? Ou estou tentando agradar a homens? *Se eu ainda estivesse procurando agradar a homens, não seria servo de Cristo*." (Gl 1:10), *(grifo do autor)*. A palavra grega para "agradar" nesse verso é aresko. Uma das definições dessa palavra é "alegre mediante a ideia de emoção excitante" (Strong Dictionary of Greek New Testament Words). Colocando de forma mais clara, é sinônimo de "excitação". Então, esse verso está dizendo: "Se estou buscando estimular as emoções dos homens através da empolgação (excitação), então não sou um fiel servo de Cristo!" O que é "excitação"? É tentar tocar as emoções através de estimulação superficial. É dizer que estaremos no Espírito quando nossa emoção estiver nas alturas! Dizer que estamos num avivamento quando o avivamento não se encontra em lugar nenhum. É declarar a mentira como verdade! Será que isso acontece em nossos dias?

Esses homens que se aproximavam de João tinham títulos, posição e popularidade. O controle das pessoas era a chave para o sucesso do ministério deles. A razão por que vieram até João não era para ouvir sua mensagem, mas sim para checá-lo. Eles se sentiam ameaçados pelo ministério dele. As multidões estavam deixando os cultos dos fariseus para irem ao deserto ouvir aquele homem. Essa é a razão pela qual, quando chegaram para checá-lo, ele olhou para eles e os chamou de cobras. Ele viu através de suas máscaras religiosas e percebeu a intenção de seus corações. Ele não quis entrar na arena dos títulos, posições e intenções ministeriais. Então, quando foi questionado por eles, "Quem é você? Dê-nos uma resposta, para que a levemos àqueles que nos enviaram. Que diz você acerca de si próprio?" João respondeu com as palavras do profeta Isaías: "Eu sou a voz do que clama no deserto: 'Façam um caminho reto para o Senhor'" (Jo 1:22-23). Imediatamente, João dirigiu a atenção deles para o Senhor e não para seu ministério.

Se Deus colocou você no ministério de profeta, Ele vai permitir que todos saibam; não será preciso anunciar a sua posição no ministério. A Bíblia fala a respeito de Samuel, um dos maiores profetas do Velho Testamento: "Todo o Israel, desde Dã até Berseba, reconhecia que Samuel estava confirmado como profeta do Senhor." (1 Sm 3:20). Seus frutos revelarão o seu chamado. Muitas pessoas ficam encucadas e se questionam: "Para que tipo de ofício estou sendo chamado e qual é o meu título?" Então quando chegam a uma conclusão, começam a desenvolver um tipo de ministério de acordo com a percepção que têm do mesmo. A percepção deles pode estar parcialmente correta ou totalmente errada.

E Juntos, Toda a Carne a Verão

"Uma voz clama: 'No deserto preparem o caminho para
o SENHOR; façam no deserto um caminho reto para o
nosso Deus. Todos os vales serão levantados, todos os
montes e colinas serão aplanados; os terrenos acidentados
se tornarão planos; as escarpas serão niveladas. A glória

do SENHOR será revelada, e juntos, todos a verão. Pois é o SENHOR quem fala.'"

— ISAÍAS 40:3-5

Embora esta passagem fosse para ser cumprida nos dias de João Batista, não foi ele quem a cumpriu totalmente. Será que toda a carne viu a glória do Senhor nos dias de João Batista? A resposta é claramente não. Ainda que muitos tenham visto a glória do Senhor na pessoa de Jesus Cristo, não se pode dizer que todos, juntos, a viram. A Bíblia deixa claro que a Glória do Senhor será vista por toda a carne no dia da segunda vinda de Cristo.

Muitas profecias bíblicas têm mais de um cumprimento. Muitas vezes, há cumprimentos preliminares antes do cumprimento final daquilo que Deus disse. Paulo fala da multiforme (variada) sabedoria de Deus (Ef 3:10). A Palavra de Deus pode ser aplicada a muitas situações e a eventos diferentes. Então, pegar uma verdade ou uma profecia das Escrituras e dizer que é a verdade ou o cumprimento profético é limitar o que Deus quer dizer. Esta é a razão pela qual muitos hoje em dia têm dificuldade em receber o que os profetas no Velho Testamento previram para os nossos dias. Precisamos perceber que Jesus disse: "Não pensem que vim abolir a Lei ou os Profetas; não vim abolir, mas _cumprir_..." (Mt 5:17), *(grifo do autor)*.

Portanto, essa profecia de Isaías 40 nos mostra que há duas diferentes unções de Elias: a primeira veio antes da primeira vinda de Cristo, e a segunda virá antes de sua segunda vinda.

Uma Voz

Nesse momento você pode estar pensando: "Por que o texto declara *uma* voz clama ...?" A resposta é que não haverá divisão nos propósitos dos profetas e ministros dos últimos dias. Eles terão uma voz: a voz de Deus! Eles serão como um só homem. Estarão mortos para o seu próprio desejo e buscarão somente a vontade de Deus. Serão treinados no deserto e lá morrerão para si mesmos e para suas ambições ministeriais.

Deus está levantando um exército de pessoas nos últimos dias que tem um só propósito. O local de treinamento desse exército são os lugares áridos ou o deserto: "... façam no deserto um caminho reto para o nosso Deus." (Is 40:3). Podemos perceber o resultado do deserto nos filhos de Israel depois que deixaram o Egito. O deserto serviu para dois propósitos na vida do povo: primeiro, consumiu aqueles que serviam o Senhor por razões egoístas - foram espalhados pelo deserto. Segundo, preparou o povo para entrar na Terra Prometida e possuí-la. Não vemos a mesma espécie de rebelião e concupiscência no livro de Josué vista nos livros de Êxodo e Números. Aqueles que buscavam seus próprios interesses foram destruídos, enquanto o restante foi fortalecido através das lutas que enfrentaram no deserto.

Há alguns anos, o Senhor acordou a minha esposa às quatro horas da manhã. Ela foi para a sala e lá o Senhor deu-lhe uma visão do exército que Ele está preparando para os últimos dias. Os homens e as mulheres tinham a mesma face (ninguém era estrela). Todos sabiam qual era a sua posição e ninguém estava competindo pela posição dos outros. Ela contou-me que na visão todos os membros do exército estavam com as cabeças inclinadas olhando para o líder, que era Jesus. Quando o líder se virou, as pessoas não precisavam olhar umas para as outras, todas se viraram ao mesmo tempo porque estavam seguindo o Mestre. O exército era como um homem, pois eram um no propósito e estavam mortos para seus próprios desejos. (Nosso primeiro livro, Vitória no Deserto, seria de grande ajuda para um maior entendimento desse processo de treinamento e preparação).

Não Se Transforme Num Crítico

Ao ler este livro, quero encorajá-lo a não ficar na defensiva, mas a examinar o seu coração com sinceridade. Permita que o Espírito de Deus revele qualquer área de sua vida ou ministério que possa estar comprometido pela sua tolerância com o pecado e a carne.

Também quero pedir-lhe que não critique os líderes no corpo de Cristo ou na sua igreja. Seria insensatez de sua parte agir dessa forma, pois dois erros não resultam em acerto. Creio que o propósito de mostrar esses pontos seja dirigir você, o leitor, àquilo para o qual Deus o está chamando e para desafiar a Igreja a retornar ao coração de Deus. Estaremos julgando se não cumprirmos esse alvo.

Deus colocou o jovem Samuel debaixo da liderança de Eli. Eli tinha muitos compromissos, e seus dois filhos, que também ocupavam uma posição no ministério, acima de Samuel, eram corruptos e fracos. A corrupção era tanta que a Palavra do Senhor tornou-se uma coisa rara. No entanto, Samuel não atacou a liderança pessoalmente. Ele não se levantou e derrubou a liderança, declarando que "ele era o verdadeiro profeta com a Palavra de Deus". Ao invés disso, "O menino Samuel ministrava perante o Senhor, sob a direção de Eli..." (1 Sm 3:1). O Senhor advertiu Eli e seus filhos e, como eles não deram ouvidos, Deus mandou o julgamento. Depois disso, Ele levantou Samuel para ser o líder no lugar de Eli.

Deus colocou Davi debaixo da liderança do rei Saul. Saul era um líder dominante e inseguro, que estava pronto para matar Davi. Na sua perseguição a Davi, Saul matou oitenta e cinco sacerdotes do Senhor que vestiam estola sacerdotal de linho porque deram comida e abrigo para Davi, escondendo-o na cidade de Nobe. Saul estava disposto a matar Davi a qualquer custo! Ele tinha um exército de três mil soldados para cumprir essa tarefa. Chegou o dia quando Davi e Abisai (irmão caçula de Joabe) entraram, secretamente, no acampamento de Saul enquanto todos dormiam. Davi aproximou-se de Saul adormecido e Abisai disse a Davi: "Hoje Deus entregou o seu inimigo nas suas mãos. Agora deixe que eu crave a lança nele até o chão, com um só golpe; não precisarei de outro". Mas Davi respondeu: "...Não o mate! *Quem pode levantar a mão contra o ungido do Senhor e permanecer inocente*?..." (1 Sm 26:8-9), *(grifo do autor)*.

Davi não quis julgar o servo do Senhor; ele deixou que Deus o fizesse. Deus julgou Saul e ele morreu na batalha contra os filisteus no monte Gilboa (1 Sm 31:1-7). Quando Davi ouviu essa notícia ele não se alegrou, mas pranteou e compôs um cântico para Saul e fez com que todo o exército cantasse com ele (2 Sm 1:11-27).

Deus é quem irá julgar os seus servos. Não critique os servos de Deus falando contra eles. Precisamos servir ao Senhor. Se você tem áreas em sua vida nas quais Ele está trabalhando, deixe que sejam tratadas. Ele cuidará de cada um de seus servos.

Capítulo 4

Prepare o Caminho do Senhor

Temos atraído os pecadores com mensagens sem poder para libertá-los.

> *"Uma voz clama: 'No deserto <u>preparem</u> o caminho para o Senhor; façam no deserto um caminho reto para o nosso Deus. Todos os vales serão levantados, todos os montes e colinas serão aplanados; <u>os terrenos acidentados</u> se tornarão planos; as escarpas serão niveladas. A glória do Senhor será revelada, e, juntos, todos a verão. Pois é o Senhor quem fala.'"*
> – ISAÍAS 40:3-5 *(grifo do autor)*

Como já demonstramos, essa passagem fala proféticamente sobre o ministério de João Batista. "Este é aquele que foi anunciado pelo profeta Isaías: '<u>Voz do que clama no deserto</u>: 'Preparem o caminho para o Senhor, façam veredas retas para ele.'" (Mt 3:3)*(grifo do autor)*.

A palavra hebraica para "preparar" em Isaías 40:4 é *panah*. A definição dessa palavra no dicionário da língua hebraica é "voltar, retornar ou preparar". Em quarenta e nove outros lugares no Velho Testamento essa palavra é traduzida por "voltar" ou "retornar". Somente em seis lugares no Velho Testamento essa palavra é traduzida por "preparar" (quatro desses têm a ver com essa mesma mensagem sobre o caminho do Senhor - Is 40:3; 57:14; 62:10; Ml 3:1). As palavras "preparar" e "preparado" são encontradas mais de cem vezes no Velho Testamento, porém advindas de diferentes palavras hebraicas. Portanto, é seguro dizer que este verso poderia ser lido assim: "A voz do que clama no deserto: retorne ao caminho do Senhor...".

As Escrituras dizem que "os terrenos acidentados se tornarão planos" (Is 40:4). A palavra hebraica para "acidentado" é *aqob* que significa "fraudulento, enganoso, poluído ou tortuoso".

Aqob aparece três vezes no Velho Testamento, sendo que a primeira é no verso citado acima e a segunda é em Jeremias, onde se lê: "O coração é mais *enganoso [aqob]* que qualquer outra coisa e sua doença é incurável. Quem é capaz de compreendê-lo??" (Jr 17:9) *(grifo do autor) [inserção do autor]*. A terceira menção dessa palavra está no livro de Oséias, onde ela dá uma ideia de "poluída"(Os 6:8). Creio que outra forma de ler Isaías 40:4 poderia ser assim: "Os lugares *fraudulentos* serão aplanados...".

Juntando tudo isso, teríamos: *"Voz do que clama no deserto: Voltem para o caminho do Senhor... fraudulentos... serão acertados..."* (Is 40:3-4).

Quando retornamos ao ministério de João Batista, percebemos que o anjo Gabriel disse sobre ele: "Fará retornar muitos dentre o povo de Israel ao Senhor, o seu Deus." (Lc 1:16). Ele não foi enviado aos gentios que nunca tinham ouvido falar do nome do Senhor. Ele foi enviado às ovelhas perdidas nas estruturas religiosas e àqueles que haviam abandonado a estrutura religiosa por causa de descontentamento, desencorajamento e por terem sido ofendidos. A prioridade do ministério de João era chamar os filhos de Israel *de volta* para os caminhos de Deus e a não continuarem nos seus próprios caminhos, mesmo que muitos deles fossem religiosos e cressem de todo coração que assim estariam vivendo bem. Milhares atendiam às sinagogas fielmente, totalmente inconscientes da verdadeira condição de seus corações. Estavam enganados, pensando que seu louvor e sua adoração ao Senhor eram aceitos por Deus. João tinha sido enviado para expor este engano no qual confiavam. Eles criam que eram justificados porque eram descendentes de Abraão e haviam aderido à doutrina dos líderes mais velhos entregando os dízimos, orando e desenvolvendo inúmeros outros atos religiosos, mas isso era apenas um substituto - na verdade seus corações estavam longe de Deus. Eles estavam *enganados*.

Como acontecia com o povo nos dias de João, muitos estão enganados hoje também. Não estão buscando a Deus, mas aos seus próprios interesses. Todavia, fazem isso no nome do Senhor, usando as Escrituras como base. Incorporam Jesus ao seu estilo de vida, apenas para tirar vantagem própria. Eles creem que, apesar do estilo de vida que têm, porque fizeram a oração de entrega ao Senhor, frequentam uma igreja, entregam os dízimos e ouvem músicas cristãs, estão justificados e prontos para o retorno de Jesus. Estão *enganados*.

Essas pessoas são um produto do evangelho do egoísmo. Nossa mensagem tem sido: "Venha a Jesus e receba". Temos atraído os pecadores com uma mensagem sem poder para libertá-los do pecado. Nós os convidamos através de promessas de um estilo de vida novo e melhor. Temos nos preocupado mais com uma resposta positiva deles do que com a verdade que pode libertá-los. Temos atraído os pecadores através dos adornos e dos benefícios da salvação sem mostrar-lhes, claramente, onde se encontram, transmitindo-lhes a mensagem de arrependimento para que se voltem para o senhorio de Cristo.

O profeta Jeremias disse: "*Eles não sabem o valor da verdade na terra*. Pois vão de um crime ao outro e não me conhecem, diz o SENHOR ... Todos *enganam* o seu vizinho, e de forma alguma falam a verdade; *treinaram sua língua para falar mentiras*; esgotam-se praticando a iniquidade. Vivem no meio da falsidade; por causa *da falsidade recusam-se a conhecer-me*, diz o SENHOR" (Jr 9:3-6) *(paráfrase do autor)*.

Onde estão os homens e mulheres *valentes para a verdade*? Essa pergunta é o clamor do coração de Deus. Ao invés de se posicionarem para a justiça, alguns ministros e outros cristãos estão preocupados em não ofender as pessoas através da proclamação da verdade. Então, recuam e ensinam suas línguas a mentir. O fato alarmante é que se uma pessoa continuar na mentira, crerá nela como se fosse uma verdade. Isso é um engano! Tiago confirma isso, ao dizer: "Se alguém se considera religioso, mas não refreia a sua língua, *engana-se a si mesmo*. Sua religião não tem valor algum!" (Tg 1:26) *(grifo do autor)*. Esse fermento de compromisso tem se espalhado por uma extensão tão grande que alguns ministros têm sido perseguidos por outros ministros porque falam a verdade. É mais fácil ganhar novos convertidos se você não diz nada que, possivelmente, venha a ofendê-los - isso, quase sempre, significa não falar a verdade. Os ministros se acomodam com mensagens que atraem as pessoas para Jesus sem arrependimento. Como resultado disso, o pecado permanece bem vivo em seus corações.

Isso resulta em "crentes" que creem na mentira de que podem servir a Deus e amar o mundo ao mesmo tempo. Isso lhes dá um ar de piedade ao mesmo tempo em que negam o poder de Deus para mudar os corações. Estude cuidadosamente o seguinte verso:

"Saiba disto: nos últimos dias sobrevirão tempos terríveis. Os homens serão egoístas, avarentos, presunçosos, arrogantes, blasfemos, desobedientes aos pais, ingratos, ímpios, sem amor pela família, irreconciliáveis, caluniadores, sem domínio próprio, cruéis, inimigos do bem, traidores, precipitados, soberbos, mais amantes dos prazeres do que amigos de Deus, _tendo aparência de piedade, mas negando o seu poder_... estão sempre aprendendo, e jamais conseguem chegar ao conhecimento da verdade."
– 2 TIMÓTEO 3:1-5,7 *(grifo do autor)*

Tenho ouvido alguns ministros usando essa passagem das Escrituras para dizer que os homens e as mulheres terão uma aparência de piedade, mas que rejeitariam os dons do Espírito. No entanto, ao analisar esse texto percebemos que não é essa a mensagem. Deus está falando que nos últimos dias (os que vivemos no presente), membros de igreja clamariam pelo nome do Senhor, frequentariam a Igreja e até ficariam empolgados com as promessas de Deus, mas ainda assim negariam o poder da santidade para *mudá-los* de amantes de si mesmos para amantes dos outros; de amantes do dinheiro para amantes de Deus; de orgulhosos e presunçosos para verdadeiramente humildes; de desobedientes aos pais para obedientes; de ingratos para agradecidos; de impuros para santos; de sem amor para cheios de amor, etc. Paulo os descreve como aqueles que *"aprendem sempre e jamais podem chegar ao conhecimento da verdade."* Em outras palavras, eles querem aprender sobre as coisas de Deus, mas nunca chegam ao conhecimento da verdade porque não a aplicam. E assim, permanecem sem experimentar mudanças. Embora pareça que têm vida espiritual, na verdade eles não conhecem a Deus, por causa do engano! É Deus quem diz: "... de engano a engano se recusam a conhecer-me..." (Jr 9:6). Essa forma de piedade não produz um conhecimento íntimo do Senhor. Jesus disse que muitos lhe diriam naquele dia: "... 'Senhor, Senhor, não profetizamos em teu nome? Em teu nome não expulsamos demônios e não realizamos muitos milagres?' Então eu lhes direi claramente: _Nunca os conheci. Afastem-se de mim vocês, que praticam o mal_!" (Mt 7:22-23) *(grifo do autor)*.

O apóstolo Paulo escreveu: "Vocês não sabem que os perversos não herdarão o Reino de Deus? _Não se deixem enganar_: nem imorais, nem idólatras, nem adúlteros, nem homossexuais passivos ou ativos e nem ladrões, nem avarentos, nem alcoólatras, nem caluniadores, nem trapaceiros herdarão o Reino de Deus." (1 Co 6:9-10) *(grifo do autor)*.

Uma observação importante: Deus olha o coração. O verdadeiro estado de uma pessoa é conhecido através de seu coração e não de suas ações. Jesus está retornando para a sua santa Igreja, não para uma igreja morna e cheia de pecado. Umas das definições de "santidade" é "a condição de estar puro". Jesus disse: "Bem-aventurados os _puros de coração_, pois verão a Deus." (Mt 5:8), *(grifo do autor)*. Notemos que ele não disse: "Bem-aventurados os que praticam atos de pureza, porque eles verão a Deus". Nós temos tentado obter a santidade através de regras e regulamentos, restringindo-nos a nós mesmos através de normas legalistas sobre coisas tangíveis (ausência de maquiagem, códigos de vestimenta restritos, abstinência da televisão, etc.) a fim de obter uma pureza interna. Mas Deus não está olhando para uma forma externa de piedade. Ele quer ver uma mudança de dentro para fora, porque um coração puro produz uma conduta pura! Jesus disse: "...Limpe primeiro o interior do copo e do prato *[do coração]*, para que o exterior também fique limpo." (Mt 23:26), *[ênfase do autor]*.

Se seu coração for puro, você não desejará usar um vestido provocativo. Uma mulher pode usar um vestido que chega até o seu tornozelo e ainda ter o espírito sedutor; enquanto outra pode usar um par de calças e ter o coração puro. Não interessa o que a moda diz; não é a roupa que faz a mulher, mas é a mulher que faz a roupa.

Um homem pode se vangloriar de nunca ter se divorciado, mas mesmo assim cobiçar outras mulheres. Isso é santidade?

Se o seu coração é puro, você não vai desejar ou tolerar o pecado; nem condenará aqueles que estão amarrados pelo pecado. Quase sempre, categorizamos o pecado, condenando pecados específicos e perdoando outros. Colocando-nos como juízes, tornamo-nos como os fariseus, que condenaram os cobradores de impostos e outros enquanto a si mesmos se justificavam.

Em Gálatas 5:19-21, lemos: "Ora, as obras da carne são manifestas: imoralidade sexual, impureza e libertinagem; idolatria e feitiçaria; _ódio, discórdia, ciúmes, ira, egoísmo_, dissensões, facções e inveja; embriaguez, orgias e coisas semelhantes. Eu os advirto, como antes já os adverti: _Aqueles que praticam essas coisas não herdarão o Reino de Deus._" *(grifo do autor)*.

Inimizade, discórdia, ciúmes, ira e ambição estão incluídos na mesma lista que adultério e assassinato. Muitas vezes, pessoas justas aos seus próprios olhos condenam um homossexual enquanto estão cheias de ódio e amargura. Esse ódio é visto na atitude deles para com o homossexual, por quem Jesus morreu. A pessoa consumida pelo ódio não é mais justa do que uma pessoa amarrada pelo homossexualismo (isso será discutido em detalhes nos próximos capítulos). A unção de Elias que Deus está trazendo nesses últimos dias vai confrontar esses enganos, ousadamente. A mensagem será *retorne* aos caminhos do Senhor e, como resultado disso, "os terrenos acidentados se tornarão planos" (Is 40:4). Deus ama muito a sua Igreja para deixar que continue enganada.

Todos os Montes e Outeiros Serão Nivelados

"Uma voz clama: 'No deserto preparem o caminho para o Senhor; façam no deserto um caminho reto para o nosso Deus. Todos os vales serão levantados, *todos os montes e colinas serão aplanados*; os terrenos acidentados se tornarão planos; as escarpas serão niveladas.'"

– ISAÍAS 40:3-4 *(grifo do autor)*

Deus diz que todos os vales serão elevados e todos os montes serão nivelados! Montes e montanhas significam o orgulho dos homens. Toda conduta orgulhosa e altiva será nivelada.

Precisamos definir o que é orgulho. Ousadia quase sempre é confundida com altivez. Se um homem está seguro em Deus, às vezes ele é tido como arrogante e orgulhoso. Quando Davi chegou no campo de batalha onde seus irmãos estavam lutando e viu o gigante derrotando o exército de Deus, sua resposta segura fez com que seu irmão mais velho o acusasse de orgulhoso ou altivo. Davi perguntou aos soldados: "O que receberá o homem que matar esse filisteu e salvar a honra de Israel? Quem é esse filisteu incircunciso para desafiar os exércitos do Deus vivo?" (1 Sm 17:26).

Sua ousadia trouxe convicção a Eliabe, seu irmão mais velho, que estava servindo fielmente o exército do rei Saul. "...Eliabe...ficou muito *irritado* com ele e perguntou: 'Por que você veio até aqui? Com quem deixou aquelas poucas ovelhas no deserto? *Sei que você é presunçoso* e que o seu coração é mau...'" (1 Sm 17:28) *(grifo do autor)*. Eliabe era o orgulhoso. Talvez ainda estivesse enciumado porque Samuel ungiu seu irmão mais novo como o próximo rei de Israel ao invés dele. Será que essa foi a razão pela qual Deus não o havia escolhido - um coração orgulhoso? Muitas vezes, acusamos as pessoas de coisas que nós mesmos estamos enfrentando.

O mesmo acontece hoje. Muitos que estão seguros em Deus são acusados de serem presunçosos. Há um falso conceito de orgulho e humildade. Muitos, na Igreja, pensam que humildade é agir prudentemente, conduzir-se a si mesmo de forma superespiritual, agir como se o outro não fosse digno. Eles colocam a humildade como uma ação externa, quando deveria ser um estado interior do coração.

Havia um rei de Judá chamado Uzias, um descendente do rei Davi. Ele foi coroado rei aos dezesseis anos de idade. Quando se tornou rei, buscou a Deus diligentemente. É claro que se você tivesse dezesseis anos de idade e fosse colocado como rei de uma nação, você também iria buscar muito a Deus. A respeito de Uzias é dito que "...Enquanto buscou o Senhor, *Deus o fez prosperar*." (2 Cr 26:5), *(grifo do autor)*. Deus o abençoou grandemente; ele guerreou contra os filisteus e os derrotou em inúmeras cidades, bem como os árabes, os meunitas e os amonitas. Ele conduziu a nação de forma a se tornar muito forte econômica e militarmente. Houve muito sucesso sob sua liderança.

> "Entretanto, depois que Uzias *se tornou poderoso*, o seu *orgulho* provocou a sua queda. Ele foi infiel ao Senhor, o seu Deus, e *entrou no templo do Senhor para queimar incenso no altar de incenso*."
> – 2 CRÔNICAS 26:16 *(grifo do autor)*

Foi quando Uzias estava forte, não fraco, que seu coração se exaltou. Foi quando ele viu a prosperidade e o sucesso sobre tudo que tocava que seu coração cessou de buscar ao Senhor! Deus falou comigo um dia, dizendo: "John, a maioria daqueles que caíram, cederam no tempo de abundância e não de escassez". Essa é uma armadilha que apanha muitos crentes. Quando eles se tornam crentes, têm muita fome de conhecer o Senhor e seus caminhos. Eles o buscam e confiam nele para todas as coisas. Eles vêm à igreja, clamando: "Senhor, quero conhecê-lo mais!" No entanto, quando chegam a conhecê-lo mais e se tornam fortes através da experiência com Ele, sua atitude muda para "vamos ver se este ministro realmente funciona!" Então, ao invés de lerem a Bíblia com a seguinte atitude: "Senhor, revela-te a mim!", já têm suas doutrinas preestabelecidas e leem o que creem ao invés de crerem no que leem. Eles são agora *experts* nas Escrituras, mas se esquecem da humildade de coração que uma vez tiveram.

Este é o caso dos Estados Unidos, com tantos ensinos disponíveis para o povo. "...sabemos que todos temos conhecimento. *O conhecimento traz orgulho*, mas o amor edifica." (1 Co 8:1), *(grifo do autor)*. O amor não busca os seus próprios interesses! A soberba busca seus próprios interesses, quase sempre escondidos na religião. Deus nos ensina que o saber adquirido sem amor resulta em orgulho e soberba.

Quanto mais o orgulho invadia o coração do rei Uzias, mais religioso ele se tornava. Seu coração se exaltou e ele entrou no templo para "adorar". O orgulho e o espírito religioso andam de mãos dadas. O espírito de religiosidade faz com que a pessoa pense que é humilde através de sua aparência de "espiritualidade", quando na verdade é orgulhosa. De outro lado, o orgulho mantém a pessoa presa em cadeias, num espírito religioso, porque ela é muito orgulhosa para admitir isso. Essa é a razão por que o orgulho na Igreja é muito bem camuflado. Ele se esconde atrás de uma máscara religiosa.

O orgulho religioso pode ser definido como "percebendo a si mesmo como tendo a capacidade de ser como Deus, à parte de Deus". É se ver com a habilidade de fazer, saber ou ter a própria vontade ou seguir o próprio caminho (mesmo que isso pareça espiritual), fora do caminho de Deus. Isso faz de você o centro e a fonte de todas as coisas em sua vida. Para explicar melhor, note como Jesus via a si mesmo.

> "Jesus lhes deu esta resposta: 'Eu lhes digo verdadeiramente que *o Filho não pode fazer nada de si mesmo*; só pode fazer o que *vê o Pai fazer*, porque o que o Pai faz o Filho também faz.'"
>
> – JOÃO 5:19 *(grifo do autor)*

Isso diz tudo. O próprio Jesus disse que não podia fazer nada sem a direção, o poder e a ajuda do Pai. Note o tempo verbal. Ele não disse: "O Filho não pode fazer nada de si mesmo, mas somente o que Ele *viu* o Pai fazer". Mas, o que ele disse foi: "O Filho não pode fazer nada de si mesmo, somente o que ele *vê* o Pai *fazer*". Uma pessoa religiosa vai agarrar-se firmemente àquilo que Deus fez, enquanto resiste ao que Deus está fazendo. O orgulho, que opera no poder de sua própria força, trabalha lado a lado com esse espírito de religiosidade.

Temos um exemplo disso na vida dos fariseus. Eles agiam de forma "espiritual e santa", enquanto seus corações estavam cheios de orgulho. Se firmavam naquilo que Deus havia feito através de Moisés e Abraão, enquanto resistiam ao Filho do Deus vivo manifestado no meio deles. A aparência deles era muito espiritual... jejuavam semanalmente, dizimavam, faziam longas orações em público. No entanto, eram feitas por sua capacidade própria, tudo em nome de Jeová, com base nas Escrituras do velho Testamento, mas não no Espírito de Jeová!

Hoje em dia, também existem aqueles que se entregaram a Jesus, dizimam, frequentam a igreja e participam dos seus trabalhos, mas, mesmo assim, seus corações estão cheios de orgulho. Dizem que o fazem inspirados por Deus, mas na realidade é feita a vontade deles e à maneira deles, tudo em nome de Jesus!

Vamos observar novamente o rei Uzias e ver o que aconteceu quando foi confrontado pelos sacerdotes:

> "_Uzias_, que estava com um incensário na mão, pronto para queimar o incenso, _irritou-se e indignou-se_ contra os sacerdotes; e na mesma hora, na presença deles, diante do altar de incenso no templo do Senhor, surgiu lepra em sua testa. Quando o sumo sacerdote Azarias e todos os outros sacerdotes viram a lepra, expulsaram-no imediatamente do templo. Na verdade, ele mesmo ficou ansioso para sair, pois o Senhor o havia ferido."
> – 2 CRÔNICAS 26:19-20 *(grifo do autor)*

Uzias ficou furioso. O orgulho sempre justifica a si mesmo. A autojustificação vem casada com a ira. Uma pessoa orgulhosa porá a culpa em todas as outras para se desculpar. O ódio de Uzias estava direcionado aos sacerdotes, mas o problema não era com eles. O orgulho é cego! Como resultado, a lepra surgiu em sua face, como uma manifestação externa da condição interna. A lepra era o que aparecia, mas a raiz estava no *orgulho*. O mesmo é verdade ainda hoje. Temos visto muitos ministros caindo em pecado, especialmente pecados sexuais. O Senhor falou comigo sobre pecados sexuais entre os ministros. Ele disse: "John, a raiz não é sexual, mas sim o orgulho; o pecado sexual é um resultado da semente do orgulho germinando em seus corações".

Deus está levantando a unção profética como "Uma voz clama: 'No deserto preparem o caminho para o Senhor...*Todos os vales serão levantados*, todos os montes e colinas serão aplanados...'" O orgulho será nivelado antes que a glória do Senhor seja revelada. Isaías disse: "*No ano em que o rei Uzias morreu*, eu vi o Senhor assentado num trono alto e exaltado, e a aba de sua veste enchia o templo." (Is 6:1), *(grifo do autor)*. As abas de suas vestes tipificam sua glória! Deus falou comigo, assim: "John, Isaías não viu a glória do Senhor até a morte de Uzias". Esta mensagem tem o seguinte significado para nós hoje: "*A Igreja não verá a glória de Deus até o momento da morte do orgulho*".

Todos os Montes e Outeiros Serão Nivelados

"Uma voz clama: 'No deserto preparem o caminho para o Senhor; façam no deserto um caminho reto para o nosso Deus. *Todos os vales serão levantados*, todos os montes e colinas serão aplanados; os terrenos acidentados se

tornarão planos; as escarpas serão niveladas.'"
— ISAÍAS 40:3-4 *(grifo do autor)*

Os vales significam humildade. Aqueles que se humilham serão exaltados. Essa é uma grande oportunidade de dizer que *o deserto nos ajudará a nos humilharmos*! Se você se lembra, foi somente quando o filho pródigo perdeu todo seu dinheiro e estava comendo o alimento dos porcos que pôde perceber que tudo aquilo que tinha possuído nesse mundo era vazio e sem vida e que a verdadeira alegria só podia ser encontrada na casa de seu pai.

Moisés tentou libertar Israel do Egito à sua própria maneira quando estava com quarenta anos de idade. Ele sabia que Deus o chamara para fazer isso. Embora Moisés fosse o escolhido de Deus, ele tentou realizar a tarefa na força e na sabedoria do Egito. Aquela montanha da auto-suficiência tinha que cair. No entanto, depois de quarenta anos no deserto pastoreando ovelhas, Moisés estava pronto para cumprir a tarefa à maneira de Deus! O deserto o ajudou a humilhar-se debaixo da poderosa mão de Deus.

O profeta Jonas buscou uma rota fácil, fugindo do chamado de Deus para sua vida. Todavia, depois de três dias na barriga de um grande peixe, ele caiu em si, humilhou-se e clamou: "...contudo, olharei de novo para o teu santo templo." (Jn 2:4). Jonas se humilhou, mas as circunstâncias certamente o ajudaram a fazê-lo. Estar no ventre daquele peixe certamente foi uma experiência típica do deserto e isso preparou o caminho do Senhor e não o de Jonas. Quando Jonas se humilhou, Deus o exaltou para levar a Palavra do Senhor à ímpia cidade de Nínive.

Como podemos nós, a Igreja, apontar o dedo para o mundo e pregar "Arrependam-se...", no estado em que nos encontramos? Orgulho e motivações egoístas correm soltos nos ministérios. Somos apanhados em brigas e divisões que nos separam em centenas de diferentes grupos. "O orgulho só gera discussões..." (Pv 13:10) A raiz das brigas e divisões na Igreja hoje são a soberba ou orgulho. Esse orgulho tem estado encoberto por uma falsa humildade, que diz: "Nós damos a Deus toda a glória por tudo que Ele faz." mas o que, de fato, seus corações estão dizendo é: "Vejam bem através de quem Ele está fazendo tudo isso!"

Ao escolhermos a humildade, tal como aconteceu com Jonas, Deus vai nos ungir como seu povo e sua Igreja para proclamar sua Palavra ao mundo. Então, veremos uma grande colheita de almas. Deus está preparando sua Igreja para manifestar a glória dele como nunca antes. Cidades inteiras se voltarão para o Senhor. Nações virão aos pés do Mestre com grande alegria. Todos na Igreja estarão envolvidos nessa grande colheita. Todavia, ninguém receberá a glória que é de Deus. Ninguém será capaz de negociar esse grande mover de Deus e nem de receber algum crédito dele. Nenhuma carne será sócia da glória de Deus!

Deus trouxe o profeta Ezequiel ao vale dos ossos secos e perguntou-lhe o que estava vendo. Ezequiel viu ossos muito secos sem nenhuma carne. Isso representava toda a casa de Israel. Deus removeu todo pedaço do orgulho da carne no vale da humildade! As pessoas disseram: "Nossos ossos estão secos, nossa esperança desvaneceu-se e estamos perdidos!". Pareciam tão desesperados que Deus, que tudo pode, olhou para Ezequiel e disse: "Será que estes ossos podem reviver?" Ezequiel talvez tenha dito consigo mesmo: "Eles parecem tão acabados que nunca reviverão, mas eu não me atrevo a dizer isso para Deus sobre seu povo". Então, ele sabiamente respondeu: "Ó meu Deus, somente o Senhor sabe!". Então Deus disse: "Profetiza a esses ossos e dize-lhes: 'Ó ossos secos, ouçam a voz do Senhor!'" Se Ezequiel tivesse profetizado de acordo com os padrões de hoje, teria ido a cada osso, dizendo algo assim: "Caro osso, levante-se por favor. Assim diz o Senhor: 'Meu pequeno osso, você será chamado por mim para o ministério e se casará com outro pequeno osso do outro lado, que tem cabelos louros e olhos azuis, e lhe darei uma linda casa de dois pavimentos, e você será grandemente abençoado!'" Então ele iria ao próximo osso e lhe daria uma maravilhosa palavra de "exortação" etc... Olha como temos interpretado mal o ofício de profeta! Ezequiel pregou a Palavra do Senhor sob a inspiração divina e a Palavra profética do Senhor fez com que a respiração e a vida voltassem sobre aqueles ossos.

> "Profetizei conforme a ordem recebida, e o espírito entrou neles; eles receberam vida e se puseram em pé. Era *um exército enorme*!"
>
> – EZEQUIEL 37:10 *(grifo do autor)*

Deus tem permitido que a Igreja verdadeira, não a Igreja meretriz, chegue até o ponto de sentir-se quase sem poder (comparado com o livro de Atos). Ele tem feito isso para nos levar à humildade, para que quando formos cheios de seu poder e glória, não caiamos na mesma condenação do maligno: orgulho (1 Tm 3:6).

José era um pouco orgulhoso ainda que amasse a Deus. Quando Deus lhe deu aqueles dois sonhos nos quais ele reinava sobre seus irmãos, imediatamente José foi até eles e gabou-se do seu chamado. Depois de treze anos de escravidão na masmorra de faraó, ele foi colocado num lugar onde, então se humilhou. Quando seus irmãos vieram à sua presença, ele não disse: "Viu, eu lhes falei que Deus havia me chamado para ser o líder de vocês!" Ao invés disso, José graciosamente entregou-se a eles e os serviu, como um líder no reino de Deus é chamado a fazer.

Há muitos na Igreja que serão precursores como José. Eles passarão por um deserto severo, enquanto outros não experimentarão aquilo que esses homens em treinamento terão de experimentar. Então, quando esses líderes estiverem prontos, Deus levará os outros ao deserto de sequidão. Eles não serão capazes de viver da mesma forma que antes. Eles virão a esses precursores, como os irmãos de José o fizeram, e a liderança mudará de mãos. Líderes que governaram através da dominação virão àqueles sobre os quais dominaram e servirão debaixo da liderança deles. Portanto, o caráter de Deus terá se desenvolvido em suas vidas por causa do vale da humilhação e eles não buscarão ser servidos, mas sim servir. Deus agora poderá exaltá-los, porque pode confiar em seus corações humildes e que se voltarão para o povo e não para si mesmos. Deus declara que essa unção profética de Elias virá "...para fazer voltar o coração dos pais *[líderes]* a seus filhos e os desobedientes à sabedoria dos justos..." (Lc 1:17), *[inserção do autor]*.

Ouçam, cuidadosamente, todos os que clamam pelo nome do Senhor. Você irá se humilhar no vale da humilhação, ou será humilhado no dia em que a glória do Senhor for revelada. Todo vale será elevado e todos os montes serão aplanados!

Capítulo 5

Lobos Vestidos de Ovelhas

O julgamento de Deus será de acordo com Seu padrão de justiça e não de acordo com o nosso.

"Cuidado com os <u>falsos profetas</u>. Eles vêm a vocês vestidos de <u>peles de ovelhas</u>, mas por dentro são lobos devoradores. <u>Vocês os reconhecerão por seus frutos</u>. Pode alguém colher uvas de um espinheiro ou figos de ervas daninhas? Semelhantemente, toda árvore boa dá frutos bons, mas a árvore ruim dá frutos ruins. A árvore boa não pode dar frutos ruins, nem a árvore ruim pode dar frutos bons. Toda árvore que não produz bons frutos é cortada e lançada ao fogo. <u>Assim, pelos seus frutos vocês os reconhecerão</u>!"
— MATEUS 7:15-20 *(grifo do autor)*

Identificando os Falsos Profetas

Jesus nos dá uma advertência ao dizer *"acautelai-vos dos falsos profetas"*! Por que somos frequentemente advertidos no Novo Testamento? A razão é que esses falsos profetas são enganosos, não são barulhentos mas sutis e astutos. Eles vêm vestidos de ovelhas, e não de lobos. Eles parecem, falam e agem como cristãos. Jesus falou a respeito dos últimos dias dias que "...numerosos falsos profetas surgirão e <u>enganarão a muitos</u>." (Mt 24:11) *(grifo do autor)*.

Ele ainda disse que, se isso fosse possível, até os próprios escolhidos seriam enganados por eles por causa de seus sinais e prodígios. Como poderemos reconhecê-los? Jesus disse que nós os conheceríamos pelos seus frutos, não pelos seus ensinos ou sinais e maravilhas.

Permita-me enfatizar um ponto importante: Jesus não disse que conheceríamos os falsos profetas porque suas profecias seriam falsas ou que conheceríamos os verdadeiros profetas pelo fato de suas profecias se cumprirem. Esse pensamento vem do Velho Testamento: "Se o que o profeta proclamar em nome do Senhor não acontecer nem se cumprir, essa mensagem não vem do Senhor. Aquele profeta falou com presunção. Não tenham medo dele." (Dt 18:22). Ainda hoje, muitos julgam os verdadeiros e os falsos profetas por essa referência, ao invés daquela que Jesus nos deu. Tenho ouvido inúmeras pessoas, mesmo líderes, dizendo que um homem era um falso profeta porque entregou uma profecia que não se cumpriu. Mas tenho ouvido também pessoas que dizem: "Sei que esse homem é um profeta verdadeiro porque aquilo que ele diz se cumpre".

No entanto, permita-me lembrar-lhe que, no Velho Testamento, Balaão - que era um profeta corrupto cujo coração era ambicioso - profetizou corretamente sobre Israel e sobre o nascimento do Messias. Mesmo que suas palavras proféticas fossem corretas, seu fruto era mal. Por isso, Jesus disse que ele "ensinou Balaque a armar ciladas contra os israelitas, induzindo-os a comer alimentos sacrificados a ídolos e a praticar imoralidade sexual." (Ap 2:14). Ele recebeu dinheiro e presentes para amaldiçoar Israel, mas, porque não pôde amaldiçoar quem Deus tinha abençoado, ele ensinou Balaque a como colocar os filhos de Israel debaixo de maldição, incitando-os a pecar, porque isso os colocaria sob o julgamento de Deus.

Como resultado, vinte e quatro mil filhos de Israel morreram da praga que veio como julgamento da sua desobediência (Nm 23:8). O fruto de Balaão era mal, ainda que suas profecias fossem corretas. Ele era um falso profeta e em Josué 13:22 foi chamado de "adivinho" e morto pelo fio da espada de Israel numa batalha. Então, como podemos verificar, sendo exatas ou não as profecias para determinar se trata-se de um profeta falso ou verdadeiro não funcionou, até mesmo no Velho Testamento. Por isso, vamos examinar cuidadosamente os critérios de Deus no Velho Testamento para discernir entre os profetas falsos e verdadeiros.

> "Se aparecer entre vocês um profeta ou alguém que faz predições por meio de sonhos e lhes anunciar um sinal miraculoso ou um prodígio, e _se o sinal ou prodígio de que ele falou acontecer_, e ele disser: 'Vamos seguir outros deuses que vocês não conhecem e vamos adorá-los', não deem ouvidos às palavras daquele profeta ou sonhador. O Senhor, o seu Deus, está pondo vocês à prova para ver se o amam de todo o coração e de toda a alma. Sigam somente o Senhor, o seu Deus, e temam a ele somente. Cumpram os seus mandamentos e obedeçam-lhe; sirvam-no e apeguem-se a ele. Aquele profeta ou sonhador terá que ser morto, pois pregou rebelião contra o Senhor, o seu Deus, que os tirou do Egito e os redimiu da terra da escravidão; ele tentou _afastá-los do caminho que o Senhor_, o seu Deus, lhes ordenou que seguissem. Eliminem o mal do meio de vocês."
> – DEUTERONÔMIO 13:1-5 *(grifo do autor)*

O fruto da vida e do ministério de Balaão fez os filhos de Israel desviarem-se do coração do Senhor, ainda que as palavras que ele profetizava fossem verdades e certas. Então, percebemos que mesmo que as palavras de uma pessoa sejam corretas, não é uma confirmação de que seja um profeta verdadeiro. Jesus deixou isso claro ao dizer: "Assim, pelos seus frutos vocês os conhecerão!" (Mt 7:20). O que precisamos examinar é o fruto da vida do ministro bem como o fruto do seu ministério.

Vocês o Conhecerão Por Seus Frutos

Em Gálatas 5:22-23, lemos: "Mas o fruto do Espírito é amor, alegria, paz, paciência, amabilidade, bondade, fidelidade, mansidão e domínio próprio. Contra essas coisas não há lei." Esse é o fruto que deve ser visto na vida pessoal de um verdadeiro profeta. Jesus disse que o mundo conheceria que somos seus discípulos através do nosso amor uns pelos outros (Jo 13:35). Amar alguém não significa necessariamente ser agradável a essa pessoa. Há pessoas que fazem a outra se sentir maravilhosa mas a tratam de forma agradável para tirar vantagens dela. Existem homens que tratam as mulheres maravilhosamente apenas para tirar vantagem sexual delas. Então, não é apenas porque uma pessoa sorri e diz coisas agradáveis sobre você que ela está andando no fruto do Espírito! "... de agora em diante, a ninguém mais consideramos do ponto de vista humano..." (2 Co 5:16) Não devemos seguir nenhum homem ou mulher apenas pela sua personalidade, caso contrário podemos nos decepcionar. Devemos procurar conhecer seu espírito. O fruto do Espírito deve ser discernido, isto é, os motivos e as intenções de uma pessoa devem ser identificadas ou claramente reconhecidas. Discernir é perceber acuradamente o que está no coração da outra pessoa. A Bíblia diz que aqueles que são espiritualmente maduros têm seus sentidos exercitados para discernir o bem e o mal (Hb 5:14). Para discernir apropriadamente, o seu motivo deve ser o amor, não a crítica. Muitas pessoas afirmam que podem discernir o mal nos outros, mas na realidade elas são apenas críticas. "Esta é a minha oração: _Que o amor_ de vocês _aumente cada vez mais_ em conhecimento e em _toda a percepção_..." (Fp 1:9) *(grifo do autor)*. Vemos neste versículo que o discernimento correto é enraizado no amor de Deus.

Quando Jesus disse que "conheceríamos os falsos profetas pelos seus frutos", Ele estava dizendo que podemos discerni-los pelo fruto de suas vidas. Será que é amor ou orgulho o que está por trás da máscara do sorriso? O verdadeiro amor não busca vantagem própria; não é motivado por vantagens pessoais ou por prazeres; não é motivado pelo sucesso, reconhecimento, *status* ou dinheiro. Falará e representará a verdade mesmo que isso signifique ser rejeitado, porque deseja o melhor para os outros. Se você realmente ama alguém, você está disposto a deixar de lado seus desejos e alvos para ajudar o outro em tudo. Jesus disse: "Ninguém tem maior amor do que aquele que dá a sua vida pelos seus amigos." (Jo 15:13). Esse é o fruto que Jesus afirma que precisamos ver na vida do verdadeiro profeta.

Precisamos também ver o fruto produzido pelo ministério. Ele estaria atraindo as pessoas para mais próximo de Deus ou para o ministério em si, através da pregação de palavras que as pessoas querem ouvir ao invés da que precisam ouvir? Jeremias clama pelo Espírito de Deus, dizendo: "E entre os profetas de Jerusalém vi algo horrível: eles cometem adultério e vivem uma mentira. _Encorajam os que praticam o mal, para que nenhum_ *deles se converta de sua impiedade...*" (Jr 23:14) *(grifo do autor).* Como os profetas estavam fortalecendo as mãos dos malfeitores? Pregando o que lhes agradava, ao invés de confrontar sua maldade. Isso corre solto na América, através de pregadores e ministros que proferem sermões que não produzem convicção de pecados, para que as pessoas não se sintam ofendidas e deixem a igreja porque, se elas sairem, levarão seu dinheiro junto. É uma decepção ouvirmos esses ministros dizerem: "Precisamos dos seus dízimos, de suas ofertas ou de seus talentos para continuarmos este ministério que Deus nos tem confiado". Por estarem comprometendo a verdade, eles começam a crer no engano da indiferença. O resultado ou fruto disso é não ver ninguém se voltando para Deus ou se arrependendo das más intenções de seus corações ou de sua má conduta, que fica evidente. Então, se alguém surge pregando a verdade, esses ministros e membros da igreja a rejeitam e dizem: "A pregação dele é muito dura. Ele não está sendo amoroso". Deus é muito misericordioso. Por isso nos permite que nos arrependamos!

    Havia um casal que contribuiu com ofertas generosas durante os primeiros anos de nosso ministério. Eles amavam nosso ministério e compartilhavam com todo mundo sobre nós. Sempre aguardavam ansiosamente pela nossa chegada à região deles para ministrar. Um dia o Senhor me deu uma mensagem de correção para eles porque estavam tentando controlar a igreja com sua influência e seu dinheiro. A mulher não gostou nada do que eu disse. Ficou ofendida e, juntamente com sua família, parou de sustentar nosso ministério. Eu sabia que eles haviam parado de nos sustentar por causa do que eu disse, mas sabia que falar-lhes a verdade era mais importante para eles e para a igreja, mesmo que não entendessem dessa forma. Depois de

A Voz que Clama

dois meses pensando nessa situação, senti que devia escrever-lhes uma carta. Reforcei a mensagem que lhes havia entregue e acrescentei algumas palavras que Deus colocou no meu coração. Não me importava com o dinheiro ou com a rejeição deles; o que me importava era a verdade. Quando Deus é sua fonte, as pessoas não vão poder manipular você com seu dinheiro ou amizade. Veja o que Deus disse através do profeta Miquéias:

"Assim diz o Senhor: 'Aos profetas *[ministros] que fazem o meu povo desviar-se, e que, quando lhes dão o que mastigar, proclamam paz, mas proclamam guerra santa contra quem não lhes enche a boca*: Por tudo isso a noite virá sobre vocês, noite sem visões; haverá trevas, sem adivinhações. O sol se porá e o dia se escurecerá para os profetas. Os videntes envergonhados, e os adivinhos constrangidos, todos cobrirão o rosto porque *não haverá resposta da parte de Deus*'. Mas, quanto a mim, graças ao poder do Espírito do Senhor, *estou cheio de força e de justiça, para declarar a Jacó a sua transgressão, e a Israel o seu pecado*. Ouçam isto, vocês que são chefes da descendência de Jacó, governantes da nação de Israel, que detestam a justiça e pervertem tudo o que é justo; que constroem Sião com derramamento de sangue, e Jerusalém com impiedade. *Seus líderes julgam sob suborno, seus sacerdotes ensinam visando lucro, e seus profetas adivinham em troca de prata. E ainda se apóiam no Senhor, dizendo: 'O Senhor está no meio de nós. Nenhuma desgraça nos acontecerá*.'"

– MIQUÉIAS 3:5-11 *(grifo do autor)*

Isso se parece com o que tem acontecido na Igreja americana. Se a pessoa é um contribuinte generoso para um determinado ministério, o ministro e sua equipe ministerial toleram um comportamento desse indivíduo que nunca aceitariam de uma pessoa pobre ou que não tenha fama ou influência. Colocam tais pessoas como membros da diretoria ou lhes dão assentos reservados e tratamento preferencial. Tiago fala a esse respeito:

"Meus irmãos, como crentes em nosso glorioso Senhor Jesus Cristo, não façam diferença entre as pessoas, tratando-as com parcialidade. Suponham que na reunião de vocês entre um homem com anel de ouro e roupas finas, e também entre um pobre com roupas velhas e sujas. Se vocês *derem atenção especial* ao homem que está vestido com roupas finas e disserem: 'Aqui está um lugar apropriado para o senhor', mas disserem ao pobre: 'Você, fique em pé ali', ou: 'Sente-se no chão, junto ao estrado onde ponho os meus pés', não estarão fazendo discriminação, fazendo julgamentos com critérios errados?"
— TIAGO 2:1-4 *(grifo do autor)*

É triste reconhecer que o dinheiro fala mais alto em muitas igrejas e ministros americanos. Dá-se uma atenção especial àqueles que possuem mais. Oferecem-se banquetes e cargos aos maiores contribuintes da obra. Qual é o propósito disso tudo? Que continuem contribuindo e não sejam atraídos por outro ministério, levando junto consigo o sustento da obra. Assim, o ministro não é mais controlado pelo Espírito de Deus, mas pelos seus ricos contribuintes. Ele vai falar bem daqueles que alimentam o seu ministério, enquanto faz vista grossa para os pecados deles. Essas pessoas ricas influenciam seu ministério. Isso não quer dizer que *todos* os ministros que dão banquetes de gratidão façam isso para levantar dinheiro - alguns querem genuinamente ministrar àqueles que têm investido na obra. No entanto, se um banquete é oferecido, deveria ser tanto para aqueles que dão um dólar por mês para o ministério quanto para aqueles que dão quinhentos dólares por mês. Jesus disse que a viúva deu mais do que todos, ainda que tenha dado apenas duas moedas. Se os banquetes são oferecidos por esse motivo, eles ocorrem numa atmosfera totalmente diferente.

Deus deixa bem claro como é perigoso receber suborno das pessoas ricas e influentes: "Não aceite suborno, pois o suborno *cega até os que têm discernimento e prejudica a causa do justo.*" (Êx 23:8) *(grifo do autor)*. Um ministro perde sua capacidade de discernir no momento em que começa a dar tratamento preferencial àquele que tem influência ou dinheiro. Seu discernimento se vai, porque estará motivado pelo egoísmo e não por amor. Suas palavras tornam-se pervertidas e assim o ministério começa a desviar-se da fé, a partir daquele momento, mesmo que o ministério dele continue a *crescer* e sua unção não decline. Sim, a unção não *cessa*, "pois os dons e o chamado de Deus são irrevogáveis." (Rm 11:29). Deus não tira a unção e o chamado. Essa é a razão por que temos alguns ministros ainda andando no poder e na unção de Deus, enquanto suas vidas se mostram pervertidas.

Miquéias era um profeta que verdadeiramente amava as pessoas. Ele disse que, por estarem pregando paz àqueles que os alimentavam, os ministros não teriam nenhuma resposta do Senhor. Suas palavras soavam como se viessem de Deus, mas na realidade não vinham. No entanto, porque Miquéias era corajoso o bastante para falar o que Deus havia mandado - sabendo que podia sofrer perseguição por causa disso - continuava cheio do poder e do Espírito do Senhor. Ele tinha a resposta do Senhor que os outros tentavam imitar. Portanto, ele era capaz de repreendê-los, corrigi-los e exortá-los. E era capaz de ministrar-lhes o que Deus estava dizendo, ao invés de ministrar aquilo que serviria para o interesse de seu ministério. No seu caso, a Palavra do Senhor expunha os pecados do povo de Deus e os chamava ao arrependimento. Ele não ministrava palavras suaves para receber aceitação, mas pregava o que Deus estava dizendo, quer as pessoas gostassem ou não.

Deus está levantando uma geração que pregará o que Ele está dizendo, mesmo que seja uma mensagem impopular. Esses ministros serão jovens e velhos; alguns terão estado no ministério por muitos anos, outros serão recém-chamados por Deus, mas terão o fruto do Espírito na vida pessoal. Eles terão o caráter de Deus desenvolvido em suas vidas. O amor de Deus será o alicerce de suas vidas e ministério. Portanto, amarão o povo de Deus com um amor puro. Não estarão buscando os dons ou o ministério, mas o coração de Deus. Porque saberão que "Ainda que eu fale as línguas dos homens e dos anjos, se não tiver amor, serei como o sino que ressoa ou como o prato que retine. Ainda que eu tenha o dom de profecia e saiba todos os mistérios e todo o conhecimento, e tenha uma fé capaz de mover montanhas, se não tiver amor, nada serei. Ainda que eu dê aos pobres tudo o que possuo e entregue o meu corpo para ser queimado se não tiver amor, nada disso me valerá." (1 Coríntios 13:1-3). Sabendo disso, eles _seguirão o caminho_ do amor e _buscarão com dedicação os dons espirituais..._ (1 Co 14:1).

O Novo Testamento fala dos "falsos profetas" e dos "falsos irmãos" (2 Co 11:13, 26). Ambos eram julgados pelos frutos de

A Voz que Clama

sua vida pessoal e pelos frutos produzidos por seus ministérios. Será que o ministério deles estava atraindo pessoas para si mesmo ou para os planos e propósitos de Deus? Portanto, Paulo, um verdadeiro profeta de Deus, exorta a Timóteo, dizendo: "Mas você tem seguido de perto o meu ensino, a minha conduta, o meu propósito, a minha fé, a minha paciência, o meu amor, a minha perseverança..." (2 Tm 3:10). Mesmo havendo tremendos milagres e dons no ministério de Paulo, ele lembrou a Timóteo que seguisse o fruto do Espírito na sua vida e não os milagres ou a unção. Jesus coloca isso absolutamente claro, quando afirma: "Com isso todos saberão que vocês são meus discípulos, se vocês se amarem uns aos outros" (Jo 13:35).

Então, novamente repito: não olhemos para os milagres ou para a unção a fim de determinar se estamos lidando com um falso ou com um verdadeiro profeta, apóstolo ou irmão, mas olhemos para o fruto de sua vida pessoal e de seu ministério.

Capítulo 6

Afastem-se de Mim: Nunca os Conheci

Quem são estas pessoas (muitos) que não poderão entrar no Reino?

> *"Cuidado com os falsos profetas. Eles vêm a vocês vestidos de peles de ovelhas, mas por dentro são lobos devoradores. Vocês os reconhecerão por seus frutos. Pode alguém colher uvas de um espinheiro ou figos de ervas daninhas? Semelhantemente, toda árvore boa dá frutos bons, mas a árvore ruim dá frutos ruins. A árvore boa não pode dar frutos ruins, nem a árvore ruim pode dar frutos bons. Toda árvore que não produz bons frutos é cortada e lançada ao fogo. Assim, pelos seus frutos vocês os reconhecerão! <u>Nem todo aquele que me diz: 'Senhor, Senhor', entrará no Reino dos céus</u>, mas apenas aquele que faz a <u>vontade de meu Pai</u> que está nos céus. <u>Muitos</u> me dirão naquele dia: 'Senhor, Senhor, não profetizamos em <u>teu nome</u>? Em <u>teu nome</u> não expulsamos demônios e não realizamos muitos milagres?' Então eu lhes direi claramente: Nunca os conheci. Afastem-se de mim vocês, que praticam o mal!"*
>
> *— MATEUS 7:15-23 (grifo do autor)*

"Muitos Me Dirão Naquele Dia"

Jesus deixou claro que conheceríamos os falsos profetas *mediante* seus frutos. Como discutimos no último capítulo, podemos discerni-los pelos frutos de sua vida pessoal e pelos frutos do ministério. Percebemos que o fruto de ministério que Jesus está procurando não é sinais, maravilhas ou milagres; se fosse, Ele receberia a todos que profetizaram, expulsaram demônios e fizeram milagres em nome de Jesus. O fruto que devemos procurar no ministério de um verdadeiro profeta, mestre, evangelista, apóstolo ou pastor é a obediência à vontade de Deus. Essa é a razão por que: "Nem todo o que me diz: 'Senhor, Senhor!' entrará no reino dos céus, *mas aquele que faz a vontade de meu Pai, que está nos céus*".

Esses falsos profetas irão conduzir muitos ao engano. Eles mesmos estarão enganados, porque não serão cumpridores da Palavra ou da vontade de Deus. "Sejam praticantes da palavra, e não apenas ouvintes, *enganando-se a si mesmos*." (Tg 1:22) *(grifo do autor)*. Estarão enganados, pensando que o que fazem lhes garantirá a entrada no Reino de Deus. Paulo adverte a Timóteo, dizendo: "Contudo, os perversos e *impostores* irão de mal a pior, *enganando e sendo enganados*." (2 Tm 3:13) *(grifo do autor)*. O dicionário define "impostor" como aquele que engana os outros através de um falso caráter ou de falsas pretensões. O caráter que eles assumem é o de um verdadeiro ministro de Cristo, mas na realidade são lobos vestidos de cordeiros. Eles mesmos estão enganados e assim enganam os outros. São cegos guiando outros cegos para o precipício.

Jesus disse que muitos viriam a Ele, naquele dia, clamando "Senhor", mas que não lhes seria permitida a entrada no Reino.

Esses mesmos muitos serão enganados pelos falsos profetas. Jesus nos advertiu a respeito disso:

> "...e <u>numerosos falsos profetas</u> *[lobos vestidos de cordeiros]* surgirão e <u>enganarão a muitos</u> *[que dirão naquele dia 'Senhor, Senhor']*. Devido ao aumento da maldade, o amor de muitos esfriará"
> – MATEUS 24:11-12 *(grifo do autor) [inserção do autor]*

A pergunta é: quem são esses aos quais não é permitida a entrada no Reino? Será que são budistas, muçulmanos, bruxos, feiticeiros ou homens e mulheres de seitas? A resposta é clara: não. Pelas seguintes razões: eles vão olhar para Jesus e dizer: "Em teu nome fizemos milagres e expulsamos demônios". Não é no nome de Maomé ou de Buda nem pelo poder de Satanás. Em Mateus 12:26, Jesus esclareceu que Satanás não expulsará Satanás, "Se Satanás expulsa Satanás, está dividido contra si mesmo. Como, então, subsistirá seu reino?". Aqueles que se aproximarem de Jesus no dia do julgamento, terão expulsado demônios em nome de Jesus!

Será que esses poderiam ser homens e mulheres que usam o nome de Jesus apenas para operar milagres e expulsar demônios sem terem nenhuma associação com o Senhor Jesus? Para responder a essa pergunta, vamos dar uma olhada no livro de Atos:

> "Alguns judeus que andavam expulsando espíritos malignos tentaram <u>invocar o nome do Senhor Jesus</u> sobre os <u>endemoninhados</u>, dizendo: "Em nome de Jesus, a quem Paulo prega, eu lhes ordeno que saiam!" Os que estavam fazendo isso eram os sete filhos de Ceva, um dos chefes

dos sacerdotes dos judeus. Um dia, o espírito maligno lhes respondeu: "Jesus, eu conheço, Paulo, eu sei quem é; mas vocês, quem são?" Então o endemoninhado saltou sobre eles e os dominou, espancando-os com tamanha violência que eles fugiram da casa nus e feridos. Quando isso se tornou conhecido de todos os judeus e gregos que viviam em Éfeso, todos eles foram tomados de temor; e o nome do Senhor Jesus era engrandecido."
– ATOS 19:13-17 *(grifo do autor)*

Está claro que para expulsar demônios não é o bastante carregar o nome de Jesus, mas é preciso conhecê-lo. Você deve estar se perguntando: "Mas, quem são essas pessoas?" Veja novamente esta narrativa sobre os últimos dias:

"...e <u>numerosos falsos profetas</u> surgirão e <u>enganarão a muitos</u>. Devido ao <u>aumento da maldade</u>, o <u>amor</u> de *muitos* esfriará."
– MATEUS 24:11-12 *(grifo do autor)*

O *amor* de quase todos se esfriará. A palavra grega para "amor" nesse verso é *agape*, que expressa o tipo do amor de Deus. É o amor que descreve o amor de Deus por nós. Há várias palavras gregas traduzidas como "amor" no Novo Testamento. Jesus introduziu a palavra *agape* e disse que ela seria compartilhada por todos que o servem e que o mundo ou os não-cristãos não conheceriam esse tipo de amor. Então deduzimos que os muitos que são enganados por esses falsos profetas não são os pagãos.

Por que o amor de Deus neles se esfriaria? A resposta é: porque a iniquidade irá abundar. O que Jesus dirá àqueles que virão a Ele no dia do julgamento? Ele lhes dirá explicitamente: "Nunca os conheci. Afastem-se de mim vocês, que _praticam o mal_!".

Certa ocasião, Deus me deu uma visão muito sóbria. Eu vi *muitos*, não *alguns*, mas *muitos*, vindo aos portões de pérola, cheios de expectativa de ouvir Jesus lhes dizendo: "entrem no gozo do Senhor". Mas, ao invés disso, eles ouviram as palavras: "nunca os conheci. Afastem-se de mim!" Que tragédia! Pessoas que viveram tão enganadas, que clamaram por Ele, "Senhor, Senhor!" e fizeram milagres no nome dele, mas que mesmo assim lhes foi negada a entrada no reino dos céus. A visão diz respeito a pessoas que frequentavam a igreja e que criam nos dons do Espírito e que se autodenominavam como sendo do "Evangelho pleno".

Você talvez esteja pensando: "mas Jesus disse que nunca os conheceu; portanto, como eles poderiam ter expulsado demônios e operado milagres em seu nome? Como pode ser isso?".

Existem dois possíveis grupos de pessoas. O primeiro é constituído pelos que se unem a Jesus por motivos egoístas, por causa dos benefícios da salvação. Nunca chegaram a conhecer o coração de Deus; querem apenas o seu poder e suas bênçãos. Elas o buscam para seus próprios benefícios. Então servem Jesus motivadas inteiramente pelo egoísmo e não pelo amor. Paulo diz: "Mas quem ama a Deus, este é conhecido por Deus." (1 Co 8:3). Lembre-se de que Jesus disse: "nunca os conheci". Portanto, aquele que não ama a Deus não é conhecido por Ele. Há aqueles que dizem que amam a Deus, mas não amam. Essa falta de amor é confirmada por suas ações, mesmo que confessem esse amor com toda ousadia. Amar a Deus significa colocar sua vida à disposição Dele. Você não vive mais para si mesmo, mas para Ele apenas.

Judas Iscariotes buscava a Jesus a ponto de se unir a Ele. Pelo grande sacrifício que havia feito deixando tudo para seguir Jesus, parecia que amava a Deus. Havia deixado tudo para se unir à equipe ministerial de Jesus e mesmo no auge da perseguição não abandonou Jesus. Judas expulsou demônios, curou enfermos e pregou o Evangelho. Não há nada escrito que diga o contrário. No entanto, as intenções de Judas não eram corretas desde o início. Ele nunca se arrependeu dos seus motivos egocêntricos. Seu caráter foi revelado através de declarações, tais como: "...O que me darão se eu..." (Mt 26:15). Ele mentia e bajulava para ganhar vantagem (Mt 26:25); chegou a pegar o dinheiro da tesouraria do ministério de Jesus para uso pessoal (Jo 12:4-6); e a lista continua. Ele nunca conheceu ao Senhor, ainda que tenha passado três anos e meio em sua companhia!

Há aqueles que, como Judas, fazem grande sacrifício pelo ministério, até expulsam demônios, curam enfermos e pregam o Evangelho, mas nunca conheceram o Senhor, pois tudo que fizeram foi por motivos egoístas e não pelo amor a Deus.

O segundo grupo dos que ouvem o Mestre dizer: "Afastem-se de mim vocês, que praticam o mal!" são homens e mulheres que, por causa da grande quantidade de pecado em suas vidas (Mt 24:11-12), desviam-se permanentemente de seguir a Jesus. O amor deles por Deus esfriou-se por causa da prática contínua do pecado ou da iniquidade. Veja o que Deus diz através do profeta Ezequiel:

> "Se, porém, um justo se desviar de sua justiça, e cometer pecado e as mesmas práticas detestáveis dos ímpios, deverá ele viver? Nenhum de seus atos justos será lembrado! Por causa da infidelidade de que é culpado e

por causa dos pecados que cometeu, ele morrerá."
– EZEQUIEL 18:24 *(grifo do autor)*

Deus diz que não se lembrará de sua justiça. Quando Deus esquece alguma coisa, é como se isso nunca tivesse acontecido. Falamos sobre Deus esquecer os nossos pecados, jogando-os nas profundezas do mar do esquecimento. Ele nunca mais se lembrará dos nossos pecados. O diabo tenta nos acusar, mas Deus diz que não se lembrará mais dos nossos pecados. Na mente de Deus é como se nunca tivéssemos cometido pecado. Bom, o oposto também é verdadeiro. Quando Deus diz que a justiça de um homem não mais será lembrada, quer dizer que Ele esquecerá que um dia conheceu tal pessoa. Essa é a razão por que Jesus disse: "Nunca os conheci".

Uma Vez Salvo, Salvo Pra Sempre?

Uma doutrina muito enganosa tem sido propagada na Igreja: a de que a pessoa, uma vez salva, nunca mais pode perder sua salvação. Vamos examinar isso com as Escrituras do Velho e do Novo Testamento:

> "*Meus irmãos, se algum de vocês se desviar* da verdade e alguém o trouxer de volta, lembrem-se disso: Quem *converte um pecador* do erro do seu caminho, *salvará a vida* dessa pessoa e fará que muitíssimos pecados sejam perdoados."
> – TIAGO 5:19-20 *(grifo do autor)*

A primeira coisa que precisamos notar é que Tiago disse: "*Meus irmãos*, se algum entre *vocês*..." Ele não está falando a pessoas que apenas pensam que são cristãos. Ele está falando do crente que está cogitando sobre o caminho da verdade. Notemos que Tiago chama de pecador aquele irmão que se desvia do caminho da verdade e que o resultado, se não houver uma volta para Deus (arrependimento), é a morte. O livro de Provérbios amplia esta afirmação, quando afirma que:

> "Quem se _afasta_ do caminho da sensatez _repousará na companhia dos mortos._"
> – PROVÉRBIOS 21:16 *(grifo do autor)*

Provérbios fala sobre o lugar de descanso ou um lar final do homem ou mulher que se desvia do caminho da verdade do Evangelho sem voltar ao caminho da justiça: é a congregação dos mortos, o Hades ou o inferno. Pedro mais uma vez coloca isso claramente:

> "Se, tendo escapado das contaminações do mundo por meio do _conhecimento de nosso Senhor e Salvador Jesus Cristo_, encontram-se _novamente nelas enredados_ e por elas _dominados_, estão em pior estado do que no princípio. _Teria sido melhor que não tivessem conhecido o caminho da justiça, do que, depois de o terem conhecido, voltarem as costas para o santo mandamento que lhes foi transmitido_. Confirma-se neles que é verdadeiro o provérbio: "O cão volta ao seu vômito" e ainda: "A porca lavada volta a revolver-se na lama".
> – 2 PEDRO 2:20-22 *(grifo do autor)*

Pedro descreve aqueles que escapam da contaminação do mundo através do conhecimento de Jesus Cristo, mas novamente se enveredam nos caminhos do mundo e acabam vencidos por ele. Ser vencido pelo mundo significa que eles não retornaram aos caminhos do Senhor, nem se arrependeram de suas iniquidades. Pedro declara que teria sido melhor para eles nunca terem conhecido o *caminho da justiça* do que tê-lo conhecido e depois afastarem-se do caminho do Senhor. Em outras palavras, Deus está dizendo que seria melhor se nunca tivessem sido salvos do que receberem o dom da vida eterna e se afastarem dele permanentemente. Isso faz par com as palavras de Ezequiel: "... Nenhum de seus atos justos <u>será lembrado</u>..." (Ez 18:24), *(grifo do autor)*.

Por que teria sido melhor nunca ter conhecido o caminho da justiça? Judas responde essa pergunta, quando afirma: "... para as quais estão reservadas para sempre <u>as mais densas</u> trevas." (Jd 1:13). A escuridão das trevas significa uma das piores punições. "Aquele servo que conhece a vontade de seu senhor e <u>não prepara o que ele deseja, nem o realiza</u>, receberá <u>muitos açoites</u>. Mas aquele que não a conhece e pratica coisas merecedoras de castigo, receberá poucos açoites..." (Lc 12:47-48). Judas explica que esse grande castigo é estar "<u>duplamente morto</u>" (Jd 1:12). Duas vezes morto significa que a pessoa estava morta sem Cristo, depois se tornou viva ao recebê-lo e morreu, novamente, mediante seu afastamento permanente Dele.

Há muitas outras passagens no Novo Testamento para reforçar isso. Muitas pessoas estão enganadas pensando que podem viver a vida da maneira que quiserem, bastando confessar Jesus como Salvador e serem salvas. Elas separam textos da Bíblia para sustentar suas doutrinas. Por exemplo, quando Deus diz: "...Nunca o deixarei, nunca o abandonarei" (Hb 13:5). Ele realmente não nos abandonará, mas nunca disse que nós não o abandonaríamos. "Se o negamos, ele também nos negará..." (2 Tm 2:12). Uma pessoa pode negar a Cristo não apenas pelas suas palavras, mas também através de suas ações! Na verdade, as ações falam mais alto do que as palavras. "Eles afirmam que conhecem a Deus, mas por seus atos o negam..." (Tt 1:16). Tito deixa claro que uma pessoa pode professar ou confessar que conhece Jesus Cristo, mas *pelas suas obras negá-lo*.

Tiago diz assim: "De que adianta, meus irmãos, alguém <u>*dizer*</u> que tem fé, se <u>*não tem obras*</u>? Acaso a fé pode salvá-lo?" (Tg 2:14) *(grifo do autor)*. Será que apenas dizendo que cremos em Jesus Cristo e que um dia na vida fizemos a oração de entrega a Ele, seremos salvos mesmo que não tenhamos ações condizentes com nossa fé? Tiago continua, dizendo: "...Mostre-me a sua fé sem obras, e eu lhe mostrarei a minha fé pelas obras." (Tg 2:18). Ele está dizendo que minhas obras (ações) falarão mais alto do que minhas palavras! Isso nos leva de volta ao que Jesus disse: "pelos seus frutos vocês os reconhecerão! (não pelas suas palavras)" (Mt 7:20). Qual é o fruto da vida dessas pessoas? Será que são motivadas por ambição própria? Estão vivendo para si mesmas? Será que renunciaram a suas vidas para seguir a Jesus?

Algumas pessoas têm sido sacudidas por esta mensagem que Deus me deu para pregar. Elas se aproximam de mim num estado de pânico, e dizem: "Pensei que uma vez salvos estaríamos sempre salvos!" Minha resposta é: "Se você verdadeiramente ama a Jesus Cristo, não o negará através de pensamentos, palavras ou ações".

O apóstolo João nos diz: "Meus filhinhos, escrevo-lhes estas coisas <u>*para que vocês não pequem. Se, porém, alguém pecar*</u>, temos um intercessor junto ao Pai, Jesus Cristo, o Justo." (1 Jo 2:1), *(grifo do autor)*. O alvo daquele que ama a Deus é não pecar, mas, se pecar, ele tem um Advogado junto ao Pai, Jesus Cristo, o Justo, a quem pode confessar seu pecado e ser perdoado. Ele não disse: "Meus filhinhos, escrevo-lhes estas coisas *para que vocês pequem*. E, q*uando alguém pecar*, há um advogado junto ao Pai, Jesus Cristo, o Justo." (Compare os dois períodos cuidadosamente).

Judas nos adverte, pelo Espírito de Deus, que homens e mulheres entrarão na igreja para transformar a graça de Deus num meio de satisfazer seus desejos egoístas negando ao Senhor Jesus Cristo com seus caminhos rebeldes e avarentos. Ele começa sua carta dizendo: "Amados, embora estivesse muito ansioso por lhes escrever acerca da salvação que compartilhamos, senti que era necessário escrever-lhes insistindo que <u>batalhassem pela fé</u> de uma vez por todas confiada aos santos." (Jd 3). Como é que lutamos ou batalhamos para guardar a fé? Judas mesmo responde: "Edifiquem-se, porém, amados, na santíssima fé que vocês têm, orando no Espírito Santo. <u>Mantenham-se no amor de Deus</u>..." (Jd 20-21), *(grifo do autor)*. Não permita que seu amor se esfrie através do engano do pecado. Nós lutamos ou batalhamos pela fé guardando nosso amor por Deus, mesmo quando outros em nosso meio professam o cristianismo, mas seu estilo de vida é de avareza e rebelião. *Não deixe o fermento da hipocrisia deles minar seu coração e mente!*

Se Judas nos adverte a guardar o amor de Deus, isso significa que o amor pode ser perdido. É assim com o segundo grupo que ouvirá o Mestre dizer: "Afastem-se de mim...".

Se você ama a Deus, não terá dificuldades em guardar os seus mandamentos! Se servir a Deus é uma obrigação, você entrou numa relação legalista e então fica difícil guardar os seus mandamentos. Não deveríamos servir a Deus para ganhar sua aprovação; deveríamos servir a Deus porque estamos apaixonados por Ele! Judas continua dizendo como podemos manter esse amor sempre vivo, mesmo que haja um mau fermento na Igreja. Ele nos diz: "Mantenham-se no amor de Deus, _enquanto esperam_ que a misericórdia de nosso Senhor Jesus Cristo os leve para a vida eterna." (Jd 21). Nossos olhos têm de estar fixos no Senhor todos os minutos do dia. Temos de buscá-lo contínua e ardentemente para que Ele possa se revelar de forma poderosa. "Todo aquele que nele tem esta esperança [a esperança de que Jesus irá se revelar] _purifica-se_ a si mesmo, assim como ele é puro." (1 Jo 3:3), *(grifo do autor)*.

> "Felizes os servos cujo senhor os encontrar _vigiando_... Mas suponham que _esse servo diga a si mesmo_: 'Meu senhor se demora a voltar', e então comece a bater nos servos e nas servas, a comer, a beber e a embriagar-se. O senhor daquele servo virá num dia em que ele _não o espera_ e numa hora que não sabe, e o punirá severamente e lhe dará um lugar com _os infiéis_. "Aquele servo que _conhece a vontade de seu senhor_ e não prepara o que ele deseja, nem o realiza, receberá muitos açoites. Mas aquele que não a conhece e pratica coisas merecedoras de castigo, receberá poucos açoites..."
> – LUCAS 12:37-48 *(grifo do autor)*

Na conclusão do livro de Judas está uma das minhas promessas bíblicas favoritas. Àqueles que se resguardam no amor, com Deus, olhando para a revelação de Jesus Cristo, Judas diz:

> "Àquele que é poderoso para impedi-los de cair e para apresentá-los diante da sua glória sem mácula e com

grande alegria, ao único Deus, nosso Salvador, sejam glória, majestade, poder e autoridade, mediante Jesus Cristo, nosso Senhor, antes de todos os tempos, agora e para todo o sempre! Amém."

– JUDAS 24-25

Deus nos guardará de tropeçar e nos apresentará sem mácula diante da presença de sua glória com crescente júbilo! Isso conforta os corações daqueles que são sinceros, mas que tremem diante da discussão sobre "uma vez salvos, salvos para sempre". Eu os exorto, dizendo: "Se vocês amam a Deus e o têm no coração, ele irá guardá-los sem mácula!" Aqueles que verdadeiramente o servirem não irão ter falta da graça de Deus.

Capítulo 7

Arrependimento Sincero ou Falso?

Ele está nos chamando para nos arrependermos da natureza que nutre o pecado.

"Nem todo aquele que me diz: 'Senhor, Senhor', entrará no Reino dos céus, mas apenas aquele que faz a vontade de meu Pai que está nos céus. Muitos me dirão naquele dia: 'Senhor, Senhor, não profetizamos em teu nome? Em teu nome não expulsamos demônios e não realizamos muitos milagres?' Então eu lhes direi claramente: Nunca os conheci. Afastem-se de mim vocês, <u>que praticam o mal</u>!"

– MATEUS 7:21-23

A Prática do Pecado

Note que Jesus disse: "Nunca os conheci. Afastem-se de mim vocês, <u>que praticam</u> o mal!" A palavra-chave nessa declaração é praticar. O apóstolo João afirma: "Todo aquele que pratica o pecado transgride a Lei; de fato, o pecado é a transgressão da Lei... Filhinhos, não deixem que ninguém os engane. Aquele que pratica a justiça é justo, assim como ele é justo. Aquele que <u>pratica</u> o pecado [pratica a iniquidade] é do Diabo..." (1 Jo 3:4,7-8), *(grifo do autor)* e *[inserção do autor]*.

Agora leia cuidadosamente os versos seguintes sobre o que as obras das trevas são. Note que vem acompanhadas da palavra "praticar".

> "Ora, as <u>obras da carne</u> são manifestas: imoralidade sexual, impureza e libertinagem; idolatria e feitiçaria; ódio, discórdia, ciúmes, ira, egoísmo, dissensões, facções e inveja; embriaguez, orgias e coisas semelhantes. Eu os advirto, como antes já os adverti: Aqueles que praticam essas coisas <u>não herdarão o Reino de Deus</u>."
> – GÁLATAS 5:19-21 *(grifo do autor)*

Agora, vamos definir a palavra "praticar". Algumas das definições são: "fazer frequentemente ou como regra; fazer sempre para aprender; ensinar através de constante repetição; fazer algo habitualmente". A pessoa que "pratica o pecado" é aquela que peca sem permitir que a convençam do erro, mesmo que o erro se repita uma vez por semana ou poucas vezes num mês. Para justificar-se diz algo assim: "Ah, é apenas uma fraqueza minha. Estou melhor do que muitos irmãos da minha igreja. Se Deus perdoou aquelas pessoas, Ele certamente vai me perdoar porque, afinal de contas, ninguém é perfeito e eu sou muito melhor que elas". Não há um arrependimento genuíno. A pessoa não se sente mal por ter ferido o coração de Deus.

Na igreja, classificamos o pecado. Colocamos pecados como embriaguez, adultério e homossexualidade numa categoria e pecados como ódio, fofoca, contenda e outras coisas numa categoria diferente. Decidimos que as pessoas que estão na primeira categoria de pecados (embriaguez, adultério e homossexualidade) encontram-se num perigo infernal, mas que as da segunda (ódio, fofoca, contenda) são apenas fracas. Essa é uma mentira religiosa de autojustificação. Deus não classifica os pecados, mas coloca-os numa mesma categoria. Ele declara que todos que praticam essas coisas não herdarão o Reino de Deus! Deus coloca pecados como ódio, ira, inveja, ambição egoísta e ciúmes junto com o adultério e o assassinato. Se as pessoas soubessem que Deus vê o ódio e o egoísmo no mesmo nível que adultério e o assassinato, elas não seriam tão rápidas em se renderem ao pecado e se desculparem em relação a ele. É desta tolerância e prática de pecado, por homens e mulheres que professam ser cristãos, que nasce o engano.

O resultado dessa forma de pensar é uma Igreja que se tornou dura e crítica. *As pessoas* olham para os que estão presos pelo homossexualismo ou pelos vícios de álcool e drogas e os julgam, enquanto fazem vista grossa para os pecados de falta de perdão, contenda, fofoca e orgulho. Seus corações tornaram-se insensíveis à voz do Espírito Santo.

Logo após ser salvo, minha esposa e eu estávamos discutindo sobre a mulher que trouxe aquele vaso de alabastro à casa do fariseu onde Jesus estava e que lavou os pés dele com lágrimas, ungindo-os com óleo. Enquanto ela fazia isso, o fariseu olhava para ela com desprezo pensando que se Jesus fosse verdadeiramente um profeta não permitiria que aquela prostituta fizesse isso. Jesus olhou para Simão, o fariseu, e disse: "Dois homens deviam a certo credor. Um lhe devia quinhentos denários e o outro, cinquenta. Nenhum dos dois tinha com que lhe pagar, por isso perdoou a dívida a ambos. *Qual deles o amará mais*?" Simão respondeu-lhe dizendo que aquele que devia quinhentos denários o amaria mais, pois sua dívida perdoada era a maior. Jesus respondeu-lhe dizendo que ele havia julgado corretamente!

Eu disse à minha esposa que "queria ter sido um viciado em drogas, um ladrão ou outra espécie de criminoso antes de ter-me encontrado com Jesus; pois, assim, o amaria mais porque teria sido perdoado mais. Quero amá-lo o mais possível!" Continuando a discussão do assunto, o Senhor falou comigo: "John, você não entendeu o que Eu quis dizer. Eu estava lidando com a atitude do coração de Simão. Ele via essa mulher como um tipo de pecadora e a si mesmo como melhor do que ela porque precisou de pouco perdão. Eu disse que '...quem obedece a toda a Lei, mas tropeça em apenas um ponto, torna-se culpado de quebrá-la inteiramente.' (Tg 2:10). Aos meus olhos, a pessoa que conta apenas uma mentira durante toda a sua vida é igual ao pior criminoso! O destino dos dois é o mesmo se não receberem a salvação em Cristo."

Me senti aliviado quando percebi que podia amá-lo tanto quanto qualquer outra pessoa, porque estive debaixo do mesmo julgamento, junto com o pior criminoso aguardando a execução!

O problema é que nossa sociedade, encorajada pela religião, classifica os pecados. Desta forma, os considerados "bons" estão debaixo do engano de que precisam apenas de pouca graça.

Alguns meses atrás, um homem me ligou do Alabama. Eu havia ministrado numa igreja que ele visitou e onde se sentiu ministrado. Quando estava pregando, percebi que se tratava de um homossexual. Algumas semanas depois, ele me ligou para dizer que era homossexual e eu disse que já sabia. Sua voz tornou-se defensiva: "Provavelmente, você me viu como um pervertido esquisito, certo?" Minha resposta imediata foi: "Não!" Então, comecei a me desculpar por aquilo que muitos de nós cristãos temos feito. Eu disse: "Por favor, perdoe-nos por colocar o homossexualismo numa categoria de pecados diferente dos demais pecados. Eu já estive amarrado pelo pecado, indo em direção ao inferno da mesma forma que você está. Minha necessidade do Salvador era tão grande quanto a sua. Meus pecados eram apenas mais socialmente aceitáveis. No entanto, eles eram uma grande ofensa a Deus tanto quanto os seus". Aquele homem percebeu minha sinceridade, oramos juntos e Deus o libertou. Poucos meses depois, ele me ligou novamente e com grande alegria relatou o que Jesus estava fazendo em sua vida. Louvado seja Deus!

Precisamos entender que pecado é pecado, não importa o tipo. Aqueles que tolerarem qualquer pecado estarão em perigo de ouvir o Mestre dizer-lhes: *"Afastai-vos de Mim..."*

Tristeza do Mundo, ou Tristeza Segundo Deus?

> "Agora, porém, me alegro, não porque vocês foram entristecidos, mas porque a tristeza os levou ao <u>arrependimento</u>. Pois vocês se entristeceram como Deus desejava, e de forma alguma foram prejudicados por nossa causa. <u>A tristeza segundo Deus</u> não produz remorso, mas sim um arrependimento que leva à salvação, e <u>a tristeza segundo o mundo</u> produz morte."
> – 2 CORÍNTIOS 7:9-10 *(grifo do autor)*

Paulo escreveu isso para a Igreja, não para o mundo. Arrependimento é para o mundo tanto quanto para a Igreja. Nessa passagem, "arrependimento" vem da palavra grega *metanoia* que significa "mudança da mente". Deus não está procurando somente arrependimento de pecados, mas uma mudança de mente e de coração através do processo de pensamento que tolera essa maneira de viver. Ele quer que nos arrependamos do caráter que alimenta o pecado.

Arrependimento é mais do que se desculpar por alguma coisa que se faz. Paulo disse que há uma tristeza que não produz arrependimento, mas a morte! Nem todas as tristezas são piedosas. Nem todas as lágrimas são motivadas por um arrependimento genuíno. Na verdade, podem ser derramadas sem nenhum arrependimento genuíno.

Através do verso acima, entendemos que há um tipo de tristeza (do mundo) que nos leva à morte e outra tristeza (piedosa) que nos leva à vida. Qual é a diferença entre "a tristeza do mundo e a tristeza piedosa"? A diferença é simples: a tristeza do mundo se focaliza na pessoa, enquanto a tristeza piedosa focaliza-se em Cristo. A tristeza de acordo com o mundo se preocupa *com as consequências* resultantes do pecado, não com o fato de que o pecado tem nos separado do coração de Deus. Quando uma pessoa está preocupada em como o pecado pode afetar seu *status*, seu bem-estar, sua posição ou reputação, não é uma tristeza piedosa. Essa tem um enfoque egoísta que leva aquela pessoa cada vez mais, a um estado de endurecimento do coração! Isso, mais cedo ou mais tarde, leva à morte!

Para ilustrar essa diferença, vamos examinar a vida e os motivos do rei Saul e do rei Davi. Deus ordenou a Saul que atacasse Amaleque e destruísse totalmente tudo que era dele. Ele teria que destruir homens, mulheres, crianças, bebês, gado, ovelhas, camelos e burros. Saul foi para a guerra; entretanto, ele trouxe o rei Amaleque vivo e ficou com o melhor do gado, das ovelhas, dos animais confinados, dos cordeiros e com o que era bom, ao invés de destruir tudo. Então, veio a Palavra do Senhor sobre a desobediência de Saul diante da ordem de Deus, ao profeta Samuel. Samuel teve que confrontá-lo porque no coração de Saul não havia arrependimento. Saul se defendeu, dizendo que havia feito tudo o que Deus havia lhe ordenado. Samuel apontou especialmente para o que Saul havia omitido. Quando Saul viu que Samuel estava correto, ele se desculpou e pôs a culpa no povo. Samuel argumentou que Saul foi quem havia desobedecido a ordem do Senhor. Quando Saul percebeu que não havia mais ninguém para ele culpar, respondeu: "...*Pequei. Agora, honra-me perante as autoridades do meu povo e perante Israel*; volta comigo, para que eu possa adorar o Senhor, o teu Deus." (1 Sm 15:30),*(grifo do autor)*. Ele teve que reconhecer seus pecados, como muitos fazem quando são apanhados em flagrante. Entretanto, foi com uma tristeza do mundo, pois Saul estava preocupado com a exposição de seu pecado diante dos líderes e dos homens de Israel e não porque ele houvesse pecado contra Deus. Sua resposta foi para resguardar sua reputação e o seu reino; sua motivação era a ambição egoísta. Como resultado, o reino que ele tanto tentou proteger *da sua própria maneira* foi tirado dele. Ele temia o homem mais do que temia a Deus. Essa é a motivação daqueles que buscam seus próprios interesses!

Agora veja o rei Davi. Ele cometeu adultério com Bate-Seba, esposa de Urias, o heteu, o servo fiel de Davi. Quando Davi menos esperava, ela ficou grávida como resultado de seu pecado; mas seu esposo recusou-se a dormir com ela enquanto seus homens estavam no campo de batalha. Davi, então, colocou Urias na linha de frente da batalha e deu ordens a Joabe, o capitão, para retirar os homens de perto dele para que os inimigos o matassem. Davi cometeu adultério e premeditou um assassinato para encobrir o seu pecado. Então, ele foi confrontado pelo profeta Natã e, quando seu pecado foi exposto, ele confessou a Natã:

"Pequei contra o Senhor!" (2 Sm 12:13). Saul e Davi confessaram que haviam pecado, mas Davi compreendeu contra quem havia pecado e prostrou-se com a face no chão em arrependimento. Davi não estava preocupado com o que seus líderes ou os homens de Israel pudessem pensar sobre ele. Davi se preocupou apenas com o que Deus pensava sobre ele, pois sabia que havia machucado o coração de Deus. Ele clamou, dizendo: "Contra ti, só contra ti, pequei e fiz o que tu reprovas..." (Sl 51:4) Davi era um homem segundo o coração de Deus, enquanto o coração de Saul estava em seu próprio reino. Davi foi sustentado pelo amor a Deus e Saul foi destruído por seu amor próprio.

Quando adolescente, estava amarrado pelo pecado da luxúria sexual. A maioria dos homens americanos também estão amarrados à luxúria. Aquilo não me deixou assim que recebi a Cristo no coração, mas permaneceu me atormentando. Repetidamente, clamava a Deus, implorando seu perdão. Pensei que quando me casasse aquilo acabaria, mas, infelizmente, descobri que estava errado. A luxúria atrapalhava o relacionamento sexual com minha esposa, que eu amava tanto. Vivia atormentado por esse pecado. Sentia-me aprisionado!

Em 1984, fui até um pregador muito conhecido e confessei esse pecado. Ele era conhecido como um dos mais poderosos pregadores da América. Pensei que se havia alguém que poderia me livrar desse pecado, era aquele homem. Ele olhou para mim e disse: "Se você soubesse quantos homens na Igreja estão presos a esse mesmo pecado!" Ele conversou comigo por alguns minutos e então pedi: "Por favor, ore por mim para que eu seja livre disso". Ele orou, mas nada aconteceu. Sabia que o problema não estava nele, e não entendi por que não fui liberto.

Um ano depois, no dia 2 de maio de 1985, retirei-me para jejuar durante quatro dias. Eu já estava aborrecido com aquele pecado. Sabia que estava ferindo a Deus e que Jesus já havia pago o preço para que eu ficasse livre. No quarto dia do jejum, Deus me conduziu numa oração de libertação e o espírito de luxúria me deixou! Fiquei livre! E estou livre até hoje!

Quando perguntei ao Senhor por que não havia me libertado no ano anterior, quando aquele pregador orou por mim, Deus mostrou que a minha tristeza inicial era segundo o mundo. Queria ser liberto porque pensava que se não fosse, Deus não iria promover-me do ministério de socorros ao ministério da pregação. Estava mais preocupado com as consequências desse pecado, do que com o fato de estar pecando contra Deus. Um ano mais tarde, minha tristeza tinha mudado e minha motivação agora, não mais era temer as consequências no meu ministério, mas sim amar a Deus e não querer que nada estivesse entre nós. A tristeza segundo Deus produz uma vida de entrega total em arrependimento a qual leva à Salvação (2 Co 7:10). "Salvação", naquele verso vem da palavra grega *sozo*, que o *Dicionário Grego de Strong* define como "cura, preservação, plenitude, integridade e libertação". Enfim, minha tristeza piedosa produziu arrependimento, que me garantiu o perdão!

Arrependimento é o Pré-requesito Para Libertação

Na Igreja, muitos querem ser libertos sem perceber que o arrependimento é um pré-requisito. Analise estas palavras de Jesus ao enviar os doze discípulos:

"Chamando os Doze para junto de si, enviou-os de dois em dois e <u>deu-lhes autoridade sobre os espíritos imundos</u>... Eles saíram e pregaram ao povo que <u>se arrependesse</u>...

<u>Expulsavam muitos demônios</u>".
– MARCOS 6:7, 12-13 *(grifo do autor)*

Jesus descreveu o arrependimento como sendo um ambiente para a libertação. Muitas pessoas fazem filas quando eu prego, principalmente, para receberem oração, desejosas de serem livres do tormento de algum pecado específico, mas não dispostas a mudar sua atitude com relação ao pecado. Elas têm prazer no pecado, mas não gostam das consequências ou da culpa que experimentam depois. Se pudessem continuar sendo cristãs, ao mesmo tempo que permanecem envolvidas com seus pecados, elas o fariam, pois têm prazer nisso!

Antes de entrar no ministério, um amigo meu, pastor no sul da Califórnia, estava preso ao vício de fumar. Ele fumava dois pacotes de cigarros por dia e queria ser liberto. Há dois anos e meio, implorava a Deus para ser liberto. Um dos seus amigos aceitou a Cristo num culto e foi liberto do cigarro imediatamente. Ele viu isso e ficou muito triste com Deus. Por que Deus havia libertado seu amigo tão rapidamente enquanto ele estava crendo por dois anos e meio mas ainda não estava livre? Ele deixou o culto furioso e foi para casa reclamar com Deus. Depois de reclamar por alguns minutos, explodiu, dizendo: "Por que o Senhor libertou meu amigo e não a mim?" O Senhor lhe respondeu: "Porque você ainda gosta disso!" Ele disse que olhou para o cigarro aceso em suas mãos e o jogou longe. Então foi liberto e nunca mais segurou um cigarro.

Enquanto você gostar do seu pecado, você não será liberto dele. Você precisa aprender a odiar o pecado como Deus odeia. Você poderá me perguntar: "Como posso aprender a odiar algo de que minha carne gosta?" Primeiro, compreenda que foi o pecado que pregou Jesus na cruz: "Ele mesmo levou em seu corpo os nossos pecados sobre o madeiro..." (1 Pe 2:24) A segunda coisa, que precisamos compreender, é que o pecado nos separa de Deus: "Mas as suas maldades separaram vocês do seu Deus; os seus pecados esconderam de vocês o rosto dele, e por isso ele não os ouvirá." (Is 59:2). A terceira, é que o pecado é um veneno revestido com mel: "Portanto, irmãos, estamos em dívida, não para com a carne, para vivermos sujeitos a ela. <u>Pois se vocês viverem de acordo com a carne, morrerão</u>..." (Rm 8:12-13) Note que Paulo está escrevendo para "irmãos" e não para os incrédulos. Ele adverte sobre o trágico resultado de alguém viver na carne, tolerando o pecado. O pecado pode ser agradável por algum tempo, mas no final sempre produz morte. No livro de Hebreus, vemos Moisés preferindo "ser maltratado com o povo de Deus a desfrutar os prazeres do pecado durante algum tempo *[temporariamente]*". (Hb 11:25), *[inserção do autor]*. O pecado é agradável à carne, mas esse prazer dura apenas um período curto.

Uma mulher me ligou e disse que havia praticado adultério com um homem "crente". Disse que seu marido não era crente e abusava verbalmente dela por causa de sua fé. Confessou que já havia se arrependido de seu pecado e que alguns de seus amigos "crentes" a aconselharam a divorciar-se de seu marido e casar-se com esse agradável homem "crente" que a amava. Ela não tinha certeza se eles tinham razão, por isso queria ouvir minha opinião. A julgar pela situação, não seria necessário muito esforço para persuadi-la a largar seu marido e casar-se com o outro homem. Ela sabia em seu coração que isso era errado, mas estava buscando permissão para ir em frente. É importante que sempre falemos a verdade, mesmo que não seja o que as pessoas queiram ouvir. Em primeiro lugar, disse-lhe que ela não havia se arrependido. "Mas, eu me arrependi com lágrimas!", respondeu. Então, lhe disse: "Você não odeia esse pecado, apenas sabe que é errado e que não será abençoada se continuar agindo assim". Ela continuou: "Não estou entendendo o que você está me dizendo; eu me arrependi de verdade!"

A ideia que ela tinha de arrependimento era reconhecer que o ato do adultério era errado. Lembre-se de que Deus está procurando mais do que isso: Ele quer ver uma mudança de coração e mente. Ele nos chama ao arrependimento da natureza que alimenta e nutre o pecado. Se ela genuinamente não se arrependesse da atitude de seu coração com respeito àquele homem, isso iria, eventualmente, levá-la ao divórcio para obter o que queria desde o início. Então eu disse: "Suponhamos que alguém lhe dissesse: 'Haverá uma orgia sexual na rua X. Você gostaria de ir?' Como você responderia a esse convite?" Ela ficou indignada com o que eu disse e respondeu-me: "Eu não queria ter nada a ver com isso". Eu lhe disse: "Quando você puder olhar para o seu relacionamento com aquele "irmão" da mesma forma que você olhou a orgia, aí você terá chegado ao verdadeiro arrependimento!" Finalmente, ela entendeu.

O Fruto do Arrependimento

"Deem frutos que *mostrem o arrependimento...* "
— LUCAS 3:8 *(grifo do autor)*

Quantas vezes temos visto homens e mulheres ouvirem uma mensagem e, sob a convicção do Espírito Santo, responderem ao apelo do pregador e fazerem a oração de arrependimento no altar, sem que a obra do arrependimento tivesse sido completada porque nenhum fruto foi apresentado? Eles são libertos, temporariamente, pela oração, mas logo voltam ao estilo de vida original. Arrependimento não é uma oração de libertação feita uma única vez, é uma maneira de viver! É uma decisão do coração por mudança. A obra de arrependimento não está completa até que o fruto da justiça apareça. A oração de arrependimento é apenas um começo.

Paulo escreveu à Igreja de Coríntios na sua primeira carta repreendendo-os por causa da sua carnalidade. Ele escreveu uma carta tão convincente que os levou ao arrependimento. Em sua segunda carta, Paulo reconhece que eles tiveram tristeza segundo Deus, a qual, finalmente, produziu arrependimento. Vejamos o fruto que foi produzido:

> "A tristeza segundo Deus não produz remorso, mas sim um arrependimento que leva à salvação, e a tristeza segundo o mundo produz morte. Vejam o que esta tristeza segundo Deus produziu em vocês: que _dedicação_, que _desculpas_, que _indignação_, que _temor_, que saudade, que _preocupação_, que _desejo de ver a justiça feita_! Em tudo vocês se mostraram inocentes a esse respeito."
> – 2 CORÍNTIOS 7:10-11 *(grifo do autor)*

Note que ele listou sete frutos de arrependimento, que caracterizam crentes que estão em fogo, e não apenas mornos. As pessoas se perguntam por que alguns crentes são tão zelosos e diligentes. A razão é que eles não têm nada no coração que os distraia de seu propósito. Quase sempre tentamos viver em dois mundos. O mundo da carne esfria o fogo do mundo do espírito. Vamos estudar, brevemente, os sete frutos:

1. Diligência - Quando o coração está focalizado, a pessoa é diligente. Somos ensinados que "...quem dele [de Deus] se aproxima precisa crer que ele existe e que recompensa aqueles que o buscam." (Hb 11:6). Se alguém vacilar para frente ou para trás, vivendo no mundo natural e no mundo do espírito, se tornará preguiçoso espiritualmente. Somos ordenados a sermos *zelosos* e "...fervorosos no espírito, sirvam ao Senhor." (Rm 12:11).

2. Limpeza da consciência - Muitos vivem debaixo do peso da culpa. Jesus veio para nos libertar da culpa do pecado. Se o arrependimento é genuíno, produz uma limpeza da consciência que não pode ser produzida de nenhuma outra forma.

3. Indignação - O arrependimento produz um ódio pelo pecado. Deus Pai disse a Jesus: "Amas a justiça e <u>odeias a iniquidade</u>; por isso Deus, o teu Deus, escolheu-te dentre os teus companheiros, <u>ungindo-te</u> com óleo de alegria" (Hb 1:9) *(grifo do autor)*. Muitos amam a justiça, mas não odeiam o pecado. Por isso, a unção é fraca. Quando você odiar o pecado, verá um acréscimo de unção na sua vida.

4. Temor - Um livro inteiro poderia ser escrito sobre esse assunto. Somos ensinados que a santidade é aperfeiçoada no temor do Senhor (2 Co 7:1), porque *o* "Temer o Senhor é odiar o mal; odeio o orgulho e a arrogância, o mau comportamento e o falar perverso." e "O temor do Senhor é o princípio da sabedoria..." (Pv 8:13 e 9:10).

5. Desejo Veemente - Desejo é o impulso para uma vida de oração, criando um clima para receber de Deus. Jesus disse: "Portanto, eu lhes digo: Tudo o que vocês [<u>desejarem e</u>] pedirem em oração, creiam que já o receberam, e assim lhes sucederá." (Mc 11:24) *[inserção do autor]*. Se a sua oração é sem vida, é porque o seu desejo não é forte. O arrependimento vai produzir um desejo veemente.

6. Zelo - O dicionário define esta palavra como "estar ávido ou entusiasmado". Quando Jesus expulsou os cambistas do templo, seus discípulos se lembraram do que estava escrito: "O zelo pela tua casa me consumirá" (Jo 2:13-17). Jesus exortou os membros da Igreja morna a serem zelosos e se arrependerem (Ap 3:19).

7. Vindicação - O dicionário define essa palavra como "reivindicar, vingar". A Bíblia diz: "Portanto, submetam-se a Deus. Resistam ao Diabo, e ele fugirá de vocês." (Tg 4:7). A maneira de resistir ao Diabo é submeter-se a Deus! Esta é uma vindicação perfeita. Sua maior arma contra o Diabo não é sua boca, mas sua humildade e seu estilo de vida santo!

O arrependimento produzirá essas qualidades piedosas, que são o fruto que Jesus nos ordenou a produzir. Nós não podemos imitar essas características. Elas só brotam de um coração puro.

Deus está chamando seus filhos para uma vida santa. As pessoas que toleram o pecado não verão a Deus, porque Ele disse que devemos nos esforçar para ser "...santos..." porque "...sem santidade ninguém verá o Senhor." (Hb 12:14). A santidade é obra da sua graça e não da carne. Essa obra inicia-se em nosso coração através da avenida do arrependimento. Muitos têm tentado viver um estilo de vida santo com suas próprias forças e terminaram amarrados pelo legalismo. O caminho para a santidade passa por nos humilharmos em arrependimento. Porque ele dá graça ao humilde, e graça é o que nos capacita a andar na verdade.

Capítulo 8

O Evangelho do Egoísmo

Nossa mensagem é: "Venha a Jesus e receba..."

"Por que vocês me chamam 'Senhor, Senhor' e não fazem o que eu digo?"

– LUCAS 6:46 *(grifo do autor)*

Venha a Jesus e Receba

Nem todo aquele que me diz: 'Senhor, Senhor', entrará no Reino dos céus, mas apenas aquele que faz a vontade de meu Pai que está nos céus... Muitos me dirão naquele dia: 'Senhor, Senhor...' (Mt 7:21- 22). Hoje em dia, muita gente chama Jesus de Senhor, professa ser crente nascido de novo, frequenta a igreja regularmente e, possivelmente, fala em outras línguas, mas será que Jesus é mesmo o Senhor deles? Uma coisa é chamá--lo Senhor, mas outra é viver uma vida de submissão ao seu senhorio! Como Tiago ousadamente coloca: "... Mostre-me a sua fé sem obras, e eu lhe mostrarei a minha fé pelas obras." (Tg 2:18).

A palavra "Senhor" no verso acima vem da palavra grega *kurios*. O *Dicionário da Língua Grega de Strong* define *kurios* como "supremo em autoridade ou mestre". Jesus estava dizendo que há homens e mulheres que, com a boca, confessam que Ele é supremo em autoridade, mas vivem uma vida que contraria o que dizem. Por essa razão, Jesus disse: "Por que vocês me chamam 'Senhor, Senhor' e não fazem o que eu digo?" (Lc 6:46).

Na América e em outras partes do mundo, muitos pregadores têm anunciado Jesus apenas como Salvador. Faz-se de tudo para encher o altar com novos "convertidos" e as igrejas com membros dizimistas. A mensagem é: "Venha a Jesus e receba... salvação, paz, amor, alegria, prosperidade, sucesso, saúde, etc." Temos barateado o Evangelho, apresentando-o como uma solução para os problemas da vida ou um melhoramento do estilo de vida. Temos seduzido os pecadores pregando somente as bênçãos a serem obtidas quando se segue a Jesus. Jesus tem sido vendido por vendedores que tentam atingir sua quota! Ao fazer isso, estamos deixando de lado o arrependimento para ganhar um "convertido". Por isso, convertidos é o que temos. Mas de que espécie? Ao descrever os ministros em seus dias, Jesus disse: "...Ai de vocês,...porque percorrem terra e mar para fazer um *convertido* e, quando conseguem, vocês o tornam duas vezes mais filho do inferno do que vocês." (Mt 23:15). É fácil conseguir novos convertidos, mas será que eles são verdadeiramente filhos do reino de Deus? Convertidos egoístas, não discípulos, são procriados pelo que pregamos e vivemos. Não temos proclamado com ousadia o preço de seguir a Cristo - pelo menos não tão alto quanto os benefícios que podemos receber.

Jesus deixou claro às multidões: "...Se alguém quiser acompanhar-me, *negue-se a si mesmo, tome a sua cruz* e siga-me. Pois quem *quiser* salvar a sua vida a perderá; mas quem perder a sua vida por minha causa e pelo evangelho, a salvará." (Mc 8:34-35), *(grifo do autor)*. Note que ele não diz: "Aquele que deseja perder sua vida por minha causa... irá salvá-la." Somente desejar perder a vida não é o bastante. Há muitos que não frequentam uma igreja, mas que receberiam com alegria os benefícios da salvação, se tão somente pudessem manter sua vida como está também. Eles percebem que há um preço, o qual ainda não estão prontos a pagar, a fim de servir a Deus. Pelo menos são honestos com Deus e consigo mesmos. No entanto, muitos hipócritas frequentam a igreja, chamam Jesus de 'Senhor, Senhor!', declaram submissão ao seu senhorio, mas, em seus corações, têm deuses secretos. Eles os amam mais do que a Deus vivendo uma vida de hipocrisia.

O resultado desse Evangelho "Venha a Jesus e receba" são convertidos que meramente desejam um estilo de vida melhor e que não querem ir para o inferno, que o recebem como o Salvador que abençoa - mas não como Senhor.

Um Evangelho Não-Americano

Não vemos isso no ministério de Jesus. Sua mensagem era muito diferente da que tem sido pregada na América! Veja como Jesus lidou com um jovem:

> "Quando Jesus ia saindo, <u>um homem correu em sua direção e se pôs de joelhos</u> diante dele e lhe perguntou: 'Bom mestre, que farei para herdar a vida eterna?'"
> – MARCOS 10:17 *(grifo do autor)*

A primeira coisa que gostaria que você notasse é que esse homem veio *correndo* a Jesus. Quando chegou, ele *ajoelhou-se* diante de Jesus e perguntou o que precisava fazer para ser salvo.

Posso ver esse homem correndo em meio à multidão, ajoelhando-se perante Jesus, agarrando suas mãos e implorando com grande paixão: *o que preciso fazer para ser salvo?* Até a presente data, em minha experiência pessoal ou ministerial, não encontrei ninguém, rico ou pobre, que viesse correndo até a mim, que se ajoelhasse e implorasse: "O que preciso fazer para nascer de novo?" Aquele homem era de uma intensidade imensa! Seria mais fácil visualizar esse jovem político rico, casualmente aproximando-se de Jesus e, com uma tonalidade de voz calma, tranquila e intelectual, perguntando o que uma pessoa precisava fazer para herdar a vida eterna. Esse, no entanto, não foi o caso. Esse homem era sério sobre ser salvo! Vejamos: "... '*Bom mestre*, que farei para herdar a vida eterna?' Respondeu-lhe Jesus: 'Por que você me chama bom? Ninguém é bom, a não ser um, que é Deus.'" (Mc 10:17-18) *(grifo do autor)*.

Ele não estava lisonjeando Jesus porque não o chamou de "bom Senhor". Creio que esse homem tinha integridade. Ele sabia que ao chamar Jesus de Senhor teria de estar pronto a fazer o que Ele dissesse! Muitos crentes hoje não têm esse tipo de caráter. Eles chamam Jesus de Senhor e dizem que o líder deles é o pastor, mas não fazem o que o Senhor lhes pede e nem acolhem a instrução de seu pastor. Sorriem e dizem "amém" para aquilo que o pastor prega, mas não aplicam nada às suas próprias vidas. Têm ouvidos para ouvir, mas não aplicam o que o Espírito está lhes dizendo. Muitas vezes, sentem que a mensagem é apropriada para os que são "piores do que eles". São hipócritas! Tentam remover o cisco do olho do irmão, enquanto uma trave está cegando seus próprios olhos.

Vejamos como Jesus ministra a esse homem intenso, que desejava ser salvo:

> "Você conhece os mandamentos: 'Não matarás, não adulterarás, não furtarás, não darás falso testemunho, não enganarás ninguém, honra teu pai e tua mãe'. E ele declarou: 'Mestre, a tudo isso tenho obedecido desde a minha adolescência.'"
> – MARCOS 10:19-20

Jesus cita os seis últimos dos Dez Mandamentos, que dizem respeito ao relacionamento do homem para com os outros. O jovem, animadamente, respondeu que havia guardado desde sua juventude todos os mandamentos que Jesus citou. Creio, que o homem realmente havia guardado. Percebemos a intenção do seu coração ao se aproximar de Jesus. Jesus, porém, propositalmente, omitiu os quatro primeiro mandamento que dizem respeito ao relacionamento do homem com Deus - o mais importante: não ter outros deuses ou ídolos além de Deus. Em outras palavras, nada em nossa vida deve vir antes da nossa afeição, amor e do compromisso com nosso Deus. Esse jovem não havia cumprido esses mandamentos, nem estava desejoso de cumpri-los naquele momento. Jesus expôs os ídolos da vida dele.

> "Jesus olhou para ele e _o amou_. '_Falta-lhe uma coisa_', disse ele. 'Vá, venda tudo o que você possui e dê o dinheiro aos pobres, e você terá um tesouro no céu. Depois, _venha e siga-me_.'"
> – MARCOS 10:21 *(grifo do autor)*

Note, que Jesus demonstrou amor por ele! Mas como Ele demonstrou seu amor por aquele homem? Foi apresentando-lhe um Evangelho mais fácil caso se sentisse ofendido? Ou não o confrontando com os ídolos da posição, do poder e do dinheiro na vida dele? Por que Jesus não o convidou apenas para fazer a oração do pecador entregando-se a Cristo, na esperança de que ele se esquecesse desses ídolos mais tarde? Afinal de contas, aquele era um candidato pronto, com um desejo intenso de ser salvo. Tudo o que Jesus tinha a fazer era puxar a rede para fisgar um crente rico e proeminente! Mas Jesus o amava! Ao invés disso, ao rapaz Ele ofereceu a verdade -uma palavra muito forte - correndo o risco de perder aquele jovem poderoso e empolgado. Jesus olhou-o nos olhos e disse que lhe faltava algo que não era o zelo, mas uma prontidão de coração e mente para abandonar tudo o que tinha.

Você pode imaginar Jesus dizendo que falta algo em sua vida e que isso seria um impedimento para você ser salvo? Entretanto, se verdadeiramente amamos, somos sinceros, mesmo sabendo que isso possa significar rejeição. Muitos crentes e pregadores bajulam as pessoas com medo da rejeição. Eles querem ser aceitos. Eu costumava ser assim. Todos que conhecia gostavam de mim, porque eu sempre falava o que queriam ouvir. Eu odiava qualquer tipo de confronto e rejeição, queria ver todo mundo feliz. Então, Deus expôs minha motivação insegura e egoísta. Ele revelou o foco do meu amor - eu mesmo, não as pessoas ao meu redor. Eu estava mais preocupado com a aceitação deles do que em dar-lhes aquilo que realmente precisavam.

É melhor falar a verdade do que comprometer a verdade fazendo com que a pessoa creia na mentira. É melhor que ouçam a verdade agora do que crer que podem conservar o pecado em sua vida para um dia ouvirem o Mestre dizer-lhes: "Afastem-se de mim. Vocês foram enganados!"

> "Diante disso ele ficou _abatido_ e _afastou-se triste,_ porque tinha muitas riquezas. Jesus olhou ao redor e disse aos seus discípulos: 'Como é difícil aos ricos entrar no Reino de Deus!'"
> – MARCOS 10:22-23 *(grifo do autor)*

Aquele homem que chegou tão empolgado, agora se retira entristecido! "Oh, Jesus como o Senhor pôde fazer isso? O jovem estava tão empolgado, mas depois de ouvir sua mensagem, retirou-se triste! O Senhor não sabe que tem de terminar suas mensagens em alta? A sua pregação tem de levantar as pessoas e fazê-las sentirem-se bem com elas mesmas e não entristecê-las. A frequência em seus cultos vai cair se o Senhor continuar tratando dessa forma as pessoas que chegam animadas, especialmente os ricos e influentes como esse jovem! É melhor ir atrás dele para amenizar a situação porque, assim, com certeza ele voltará depois de um tempo!"

Isso é o que Jesus ouviria hoje, dos membros da diretoria de muitas igrejas na América! Eles mandariam que Jesus se apresentasse diante deles com um pedido de demissão.

Como se atreve a ofender esse grande dizimista em potencial, diriam. Será que não sabe que temos um programa de construção em andamento? Imagino que Jesus não entenda a dinâmica da construção de ministérios grandes e prósperos, pelo menos não como alguns ministros aprendem hoje em dia. Talvez, por um momento, Jesus tenha se esquecido de como fazer amigos e influenciar as pessoas. Talvez Ele tenha de diminuir o tom de seus sermões e pregar mensagens não condenadoras. Mensagens que melhorem a auto-imagem.

Isso não soa familiar? Temos caído na armadilha de fazer qualquer coisa para levar alguém à decisão por Cristo. Isso é ótimo, desde que fundamentado na verdade. O Senhor mostrou-me como muitos ministros, inclusive eu mesmo, responderia àquele homem rico caso se aproximasse de mim, implorando: "Pregador, o que devo fazer para ser salvo?" Deus mostrou-me o que diríamos: "Você quer Jesus! Você quer ser um crente! Louvado seja Deus, repita essa oração comigo... Agora, irmão, venha com o seu talão de cheques e siga-me com esse Evangelho que prego!" Precisamos compreender que Deus nunca nos chamou para ampliar o Evangelho, tornando-o mais fácil, de modo que as pessoas que têm ídolos na vida possam ser "salvas". Os ídolos precisam ser abandonados. Jesus precisa ser recebido como Senhor, não apenas como Salvador! Agora, veja o que Jesus fez depois que esse jovem se retirou:

> "Jesus olhou ao redor e disse aos seus discípulos: 'Como é difícil aos ricos entrar no Reino de Deus!' Os discípulos ficaram admirados com essas palavras. Mas Jesus repetiu:
> 'Filhos, _como é difícil [para quem confia nas riquezas]_ entrar no Reino de Deus! É mais fácil passar um camelo pelo fundo de uma agulha do que um rico entrar no Reino de Deus'. Os discípulos ficaram perplexos, e perguntavam uns aos outros: 'Neste caso, quem pode ser salvo?' Jesus olhou para eles e respondeu: 'Para o homem é impossível, mas para Deus não; todas as coisas são possíveis para Deus.'"
> – MARCOS 10:23-27 *(grifo do autor) [inserção do autor]*

Ele não correu atrás do homem para trazê-lo de volta, mas virou-se para a sua equipe e os instruiu: "Filhos, como é difícil [para quem confia nas riquezas] entrar no Reino de Deus!"

Um ídolo é qualquer coisa que amamos, em que confiamos ou a quem damos a nossa atenção mais do que a Deus! Aquele homem não estava disposto a abandonar seus ídolos para seguir Jesus. Para alguns, o seu ídolo é a popularidade com os colegas; para outros, pode ser um esporte, comida, programa de televisão ou música. A lista é enorme. O que pode ser um ídolo para alguém pode não ser um ídolo para outra pessoa. Deus disse: "Não façam ídolos..." (Lv 26:1) É você quem faz de alguma coisa um ídolo, amando ou confiando em algo mais do que em Deus!

Notemos que Jesus também não disse: "Não lhe falei que se você obedecer à palavra que o Pai acaba de me dar para você, e entregar esse dinheiro, Ele lhe daria cem vezes mais em retorno?" Muitos de nós temos feito isso! Ministros prometem cem vezes em retorno para que as pessoas recebam a Palavra de Deus. Então, a motivação passa a ser: "Dê para que você receba!" Se isso estiver certo, então Jesus estragou tudo. Ele deveria ter enfocado o retorno e não o custo. Jesus não tentou seduzir o rapaz a entrar no reino de Deus pelas bênçãos do reino. Agora, leia com admiração o que Ele disse a Pedro e aos outros discípulos:

> "Então Pedro começou a dizer-lhe: 'Nós _deixamos tudo para seguir-te_.' Respondeu Jesus: 'Digo-lhes a verdade: Ninguém que tenha deixado casa, irmãos, irmãs, mãe, pai, filhos, ou campos, por causa de mim e do evangelho, deixará de _receber cem vezes mais, já no tempo presente_, casas, irmãos, irmãs, mães, filhos e campos, e com eles perseguição; e, na era futura, a vida eterna. Contudo, muitos primeiros serão últimos, e os últimos serão primeiros.'"
> – MARCOS 10:28-31 *(grifo do autor)*

Agora, que Jesus está olhando para aqueles que haviam abandonado tudo para segui-lo, ele diz: "Vocês receberão cem vezes mais, nesta vida, do que aquilo que deixaram para seguir-me: casas... e terras, com perseguições - e no tempo por vir, a vida eterna". Se o dinheiro tivesse sido a motivação de Pedro, João, Tiago e André para seguirem e viverem com Jesus, eles nunca teriam deixado seus negócios. Eles não estavam cônscios dessa promessa de um retorno de cem vezes mais. Era a primeira vez que ouviam isso. Sabiam que Jesus tinha as palavras de vida eterna, por isso deixaram tudo - o dinheiro não era um ídolo na vida deles.

Deus nunca exigiu que a pessoa se tornasse perfeita para segui-lo. Ele apenas exige obediência a Ele. Aquele rapaz rico talvez possuísse modos muito mais refinados do que Pedro. Contudo, Pedro estava disposto a fazer qualquer coisa que o Senhor lhe pedisse. É o que Jesus quer dizer quando nos chamou para abandonar tudo para segui-lo.

Quando recebi a Jesus Cristo como Senhor em 1979 e fui cheio do Espírito Santo, Deus imediatamente começou a lidar comigo com respeito ao ministério. Eu estava me formando na Universidade de Purdue, em Engenharia Mecânica e meu nome estava na lista do reitor, com planos de transferência para pós-graduação em Harvard. Eu não queria nada com o ministério. Todos os ministros que conhecia eram pessoas que eu achava que não podiam fazer outra coisa na vida. Todos pareciam esquisitos. Nunca tinha encontrado nem passado tempo com um bom ministro. Outro conceito que tinha sobre ministro era de alguém que vivesse na África, numa choupana. Então, o Espírito do Senhor veio a mim durante um culto e disse: "John, eu o chamei para pregar. O que você fará quanto a isso?" Pensei: minha família vai me renegar porque são todos católicos. Acabarei como todos os outros ministros. Não quero ir para a África. Mas, inclinei a cabeça e orei: "Sim, Senhor, eu lhe obedecerei, não importa qual seja o preço disso!" Hoje, sei que não era nada do que eu pensava, mas Deus não me mostrou isso na época. Ele só queria saber se eu abandonaria tudo para segui-lo.

Se estudarmos o ministério de Pedro, Paulo e dos outros discípulos no livro de Atos e nas Epístolas, veremos que as mensagens deles estavam de acordo com o que Jesus pregou para aquele rico! Hoje, temos nos desviado muito desse caminho. Esta é a raiz da condição de decadência espiritual da América. Temos alcançado pessoas, levando-as a "nascerem de novo" tão facilmente, que o caminho da verdade tem sido grosseiramente distorcido. Por essa razão, Deus está chamando o seu povo a abandonar seus ídolos e voltar-se para o coração de Deus, preparando as pessoas para seu Senhor!

Ajuntado ou Convertido

"Arrependam-se, pois, e <u>voltem-se para Deus, para que os seus pecados sejam cancelados</u>, para que venham tempos de descanso da parte do Senhor, e ele mande o Cristo, o qual lhes foi designado, Jesus. É necessário que ele permaneça no céu até que chegue o tempo em que Deus restaurará todas as coisas, como falou há muito tempo, por meio dos seus santos profetas."

– ATOS 3:19-21 *(grifo do autor)*

Pedro, ousadamente, proclamou essas palavras às multidões que se formavam desejando saber o que deveriam fazer para serem salvas, depois da cura do homem que mancava, na entrada do templo. Arrependimento é o pré-requisito para a salvação. As primeiras palavras que saíram da boca de João Batista foram: "_Arrependam-se_, pois o Reino dos céus está próximo". (Mt 3:2). As primeiras palavras que saíram da boca de Jesus, ao iniciar seu ministério terreno, foram: "Arrependam-se, pois o Reino dos céus está próximo". (Mt 4:17). As primeiras palavras que saíram da boca de Pedro, no dia de Pentecostes, quando aqueles homens e mulheres quiseram saber o que deveriam fazer para serem salvos, foram: "_Arrependam-se_, e cada um de vocês seja batizado em nome de Jesus Cristo para perdão dos seus pecados..." (At 2:38) Paulo, descrevendo seu ministério ao rei Agripa nos últimos dias de sua vida, diz: "...não fui desobediente à visão celestial. Preguei em primeiro lugar aos que estavam em Damasco, depois aos que estavam em Jerusalém e em toda a Judéia, e também aos gentios, dizendo que se arrependessem e se voltassem para Deus, praticando obras que mostrassem o seu arrependimento." (At 26:19- 20).

Primeiro o arrependimento, depois a conversão, para que os pecados sejam apagados. Uma conversão não pode ser genuína sem o arrependimento, senão ela se torna uma falsidade. Este não é o Evangelho que tem sido pregado no final do século XX. Temos pregado uma mensagem que apela para os desejos da humanidade ao invés de proclamar a verdade em amor, para produzir arrependimento. Temos feito do Evangelho um convite para uma vida melhor. Entretanto, a ênfase ainda permanece nos desejos egoísticos das pessoas. Arrependimento não é uma opção, é uma ordem. "...No passado Deus não levou em conta essa ignorância, mas agora _ordena_ que todos, em todo lugar, _se arrependam_." (At 17:30), _(grifo do autor)_.

Certo dia, o Senhor me disse: "Aqueles que vêm a mim sem primeiro se arrependerem são os tais que meramente se ajuntam a mim". A conversão sem arrependimento não resulta no apagar dos pecados, apenas leva a mais engano.

No capítulo 6, demonstramos como Judas buscou Jesus e se juntou a Ele. Parecia que amava a Deus, pois havia feito sacrifícios para segui-lo. Ele abandonou tudo para se unir à equipe ministerial de Jesus para ministrar. Esteve no calor da perseguição, expulsou demônios, curou enfermos e pregou o Evangelho. Todavia, as intenções de Judas não eram boas desde o início. Ele nunca se arrependeu de sua motivação egocêntrica. Era um impostor e sua mentira foi se tornando cada vez maior até que decidiu trair Jesus!

Por outro lado, o jovem rico foi honesto. Ele pesou na balança o custo de negar a si mesmo, pegar sua cruz e seguir a Jesus. Ele se retirou, mas sabendo qual era o caminho da salvação. Pode ser que um dia esse homem tenha se arrependido, depois que Jesus ressuscitou dentre os mortos, exatamente porque ele ouviu a verdade com amor.

O livro de Atos, no capítulo 5, mostra um incidente em que um homem e sua esposa mentem sobre uma oferta que receberam. Eles venderam uma propriedade por uma grande quantia e guardaram uma parte da renda. Talvez, fosse uma propriedade muito boa com um valor bastante alto e não quisessem abrir mão do valor total. Todavia, querendo ser reconhecidos como grandes contribuintes, disseram a Pedro, na presença de todos, que aquilo que estavam entregando era todo o dinheiro pelo qual venderam a sua propriedade. Pedro confrontou os dois e, como resultado de mentirem para o Espírito de Deus, eles caíram mortos. A Bíblia diz que um grande temor veio sobre todos na Igreja e sobre aqueles que ouviram essas coisas. Observemos os versos a seguir:

> "...Todos os que creram costumavam reunir-se no Pórtico de Salomão. Dos demais, ninguém ousava *juntar-se* a eles, embora o povo os tivesse em alto conceito. Em número cada vez maior, *homens e mulheres criam no Senhor e lhes eram acrescentados*"
> – ATOS 5:12-14 *(grifo do autor)*

Nenhum dos outros se atreveram a juntar-se a eles. Mas, o versículo seguinte diz que o número dos crentes estava crescendo. Isso parece uma contradição, pois se ninguém se ajuntava a eles, como o número de crentes crescia? O que está dito aqui? É simples: ninguém se atrevia a juntar-se a Jesus sem antes arrepender-se. Multidões estavam *arrependendo-se*, *convertendo-se* e ajuntando-se ao Senhor.

Você talvez pergunte: "Por que esse homem e sua esposa caíram mortos? Outras pessoas têm mentido para os ministros, desde então, e nenhuma caiu morta". A razão pode ser encontrada no próximo verso:

> "de modo que o povo também levava os doentes às ruas e os colocava em camas e macas, para que pelo menos *a sombra de Pedro* se projetasse sobre alguns, enquanto ele passava."
> – ATOS 5:15 *(grifo do autor)*

A glória do Senhor estava se manifestando tão fortemente em Pedro que bastava chegar perto dele para que as pessoas ficavam livres de doenças ou das trevas. Ananias e Safira mentiram na presença da glória do Senhor. Quando o pecado entra em contato com a glória de Deus, há uma reação. O pecado, bem como qualquer um que voluntariamente o carregue, será destruído.

Quando a arca da presença de Deus estava sendo levada para Jerusalém, pelo rei Davi e seus homens, Uzá colocou nela as mãos para protegê-la dos solavancos e foi morto: "A ira do Senhor acendeu-se contra Uzá por seu *ato de irreverência*. Por isso Deus o feriu, e ele morreu ali mesmo, ao lado da arca de Deus." (2 Sm 6:7), *(grifo do autor)*.

A razão pela qual Deus ainda não manifestou sua glória tão intensamente quanto o fez no livro de Atos é porque muitos cairiam mortos, como aquele casal. Então, antes que o Senhor venha em glória para o seu templo (à Igreja), Ele primeiro enviará seu mensageiro, o profeta Elias, para chamar as pessoas de volta para o coração de Deus (Ml 3:1).

Capítulo 9

Fujam da Idolatria

"Idolatria": excessiva adoração ou reverência a qualquer pessoa ou coisa.

"Adoravam o Senhor, mas também prestavam culto aos seus próprios deuses, conforme os costumes das nações..."
— 2 REIS 17:33

Eles Servem a Deus e aos Ídolos Também

Prestavam culto aos seus próprios deuses [ídolos]..." [inserção do autor] Isso nos parece familiar? Será que homens e mulheres, jovens e velhos, "adoram a Deus" na igreja, mas têm ídolos em seu coração? Será que os cristãos do nosso país vivem diferentemente daqueles que não professam conhecer a Cristo, mas servem seus ídolos da sensualidade da carne, da concupiscência dos olhos e da soberba da vida? Como pode isto ser possível? Um Deus santo pode ter sua igreja cheia de idolatria? É para esse tipo de Igreja que Jesús supremo em autoridade, mas vivem uma vida que contraria o está voltando? Absolutamente não! Ele está voltando para uma igreja santa, não para aquela que corre atrás do que o mundo oferece! Veja o que Paulo diz à igreja de Corinto:

"Por isso, meus amados irmãos, *fujam da idolatria*. Estou falando a pessoas sensatas; julguem vocês mesmos o que estou dizendo... Considerem o povo de Israel: os que comem dos sacrifícios não *participam* do altar? Portanto, que estou querendo dizer? Será que *o sacrifício oferecido a um ídolo é alguma coisa*? Ou o ídolo é alguma coisa? Não! Quero dizer que o que os pagãos sacrificam é oferecido aos demônios e não a Deus, e não quero que vocês *tenham comunhão* com os demônios. Vocês não podem beber do cálice do Senhor e do cálice dos demônios; *não podem participar da mesa do Senhor e da mesa dos demônios*. Porventura provocaremos o ciúme do Senhor? Somos mais fortes do que ele?"
— 1 CORÍNTIOS 10:14-15, 18-22 *(grifo do autor)*

Um ídolo não é nada em si mesmo! O bezerro de ouro que os filhos de Israel fizeram enquanto Moisés estava no monte não tinha nenhum poder em si mesmo. O poder daquela obra estava no coração dos filhos de Israel quando lhe deram seu afeto, amor e confiança. Eles fizeram daquela estátua um altar em seus corações. Deus, falando aos filhos de Israel, disse: "Ela não abandonou a prostituição *[idolatria]* iniciada no Egito..." (Ez 23:8),*[inserção do autor]*. Os egípcios adoravam estátuas de bezerros, bem como outros ídolos. Israel havia aprendido a idolatria do Egito, que representa um tipo de sistema do mundo.

Hoje, idolatria é uma palavra estranha para a Igreja. Não achamos que as advertências dadas por Deus a respeito da idolatria se aplicam a nós também. Nós não temos nenhum altar ou estátuas de ouro. Nunca nos envolveríamos com isso. O que não percebemos é que temos mais ídolos do que podemos enumerar. O dicionário define "idolatria" como: 1) a adoração aos ídolos; 2) adoração ou reverência excessiva a qualquer pessoa ou coisa. Não percebemos que um ídolo é uma coisa que recebe mais atenção do que Deus. Por não terem uma percepção correta sobre o que são os ídolos, os cristãos são facilmente enredados por eles assim como os filhos de Israel foram.

Resumindo as palavras de Paulo: não podemos dar nosso afeto e nosso amor às coisas para as quais o mundo dá seu afeto e seu amor, porque *não podemos ter parte na mesa do Senhor e na mesa dos demônios.*

Lembre-se de que Deus ordenou: "Não terás outros deuses *além* de mim." (Êx 20:3), *(grifo do autor)*. Um ídolo é o que colocamos no coração, acima de Deus: qualquer coisa de que gostamos, em que confiamos, que amamos, adoramos, desejamos, em que colocamos nossa fé, a qual damos nossa atenção e buscamos mais do que ao Senhor.

Em 1983, deixei a profissão de engenheiro, na qual era muito bem pago, trabalhando na Rockwell International, para entrar no ministério de ajuda de tempo integral. Foi um corte na minha renda de alguns milhares de dólares por ano. Fiz um sacrifício que parecia que eu estava totalmente entregue a Cristo sem nenhum outro desejo próprio.

Em 1986, fui às Filipinas com outro ministro. Pensei que Deus estava me enviando até lá para pregar. Não sabia que Ele estava me enviando àquele lugar para mudar a minha vida para sempre! Na segunda noite de culto, o ministro pregou uma mensagem sobre o senhorio de Jesus Cristo. Começou mostrando como Jesus precisa ser recebido como Senhor, não apenas como Salvador! Compartilhou que a palavra "Senhor" aparece mais de setecentas e oitenta vezes na Bíblia e a palavra "Salvador" apenas trinta e sete! Durante aquele culto, senti-me debaixo de uma tremenda convicção. Lá estava eu, um ministro do Evangelho, que nunca tinha ouvido aquilo em toda a minha vida! Comecei a fazer um exame introspectivo da minha vida. Jesus Cristo era mesmo supremo em matéria de autoridade para mim? Ou estava apenas servindo-o da boca para fora ao chamá-lo de Senhor? Será que Ele realmente estava no trono da minha vida ou será que eu *adorava o Senhor e servia outros deuses (ídolos), da mesma forma que muitas outras pessoas?*

Voltei para casa e, dentro de poucos dias, coloquei uma cadeira no meio da sala e disse: "Deus, esta cadeira representa o centro do meu coração. Não vou deixar esta sala até o momento em que Jesus Cristo se assentar nela para sempre". Eu já estava cansado de dizer que Jesus era Senhor sem que ele exercesse seu senhorio sobre todas as áreas da minha vida. Frequentemente deixamos Jesus reinar apenas sobre as áreas que desejamos que Ele reine. Jesus Cristo precisa ser Senhor de toda nossa vida! Por duas horas circulei ao redor aquela cadeira. Muitas coisas vieram à minha mente enquanto orava. Eu tinha controle por demais sobre a minha vida, mesmo no ministério de tempo integral. Havia uma tremenda luta, porque minha alma não queria entregar seu senhorio! Comecei a chorar, mas meu coração estava firmado: não importa o que Ele quiser de mim, vou segui-lo!

Então começou uma exposição dos meus ídolos. Primeiro veio o esporte profissional, uma grande parte de entretenimento na minha vida. Era um ávido torcedor do {time de futebol americano} Dallas Cowboys. Todos os *domingos, depois do culto, sentava diante da TV para vê-los jogar.* Se minha esposa precisasse de ajuda, podia esquecer: "Querida, os Cowboys estão jogando". Nosso jantar acontecia no intervalo do jogo ou depois que terminasse. Eu era um bom crente que não fumava, não bebia, não mentia ou cometia adultério. Mas Deus estava expondo um ídolo!

Num domingo desses, estava assistindo a uma partida muito eletrizante e o Espírito de Deus começou a chamar-me para orar. Senti um peso tremendo e sabia que isso significava oração já. Porém, disse: "Senhor, espere um pouco, pois faltam somente mais oito minutos para o jogo terminar. Vou orar durante cinco horas depois que este jogo acabar!" Isto porque eu pensava: "Esperar mais uns oito minutos não seria problema, afinal de contas lhe darei cinco horas ou mais depois do jogo". Até achei que estivesse sendo generoso! O único problema foi que o peso que sentia não saiu, mesmo depois da minha oferta generosa. Então, sabe o que fiz? Assisti ao resto do jogo e depois fui para um lugar a sós para orar, porém a motivação já tinha ido embora. O peso que tinha sentido havia passado! Deus não queria meu sacrifício de cinco horas, Ele queria minha obediência! Obediência é melhor do que sacrifício. Deus queria saber se eram os Cowboys ou Ele, que estava em primeiro lugar na minha vida.

Percebi, então, que havia colocado os Cowboys antes dele. Nunca admitiria isso, mas as minhas ações o provaram. Tinha feito do Dallas Cowboys o meu ídolo! Eu estava no ministério de tempo integral e não podia deixar de assistir a um jogo do Dallas Cowboys para obedecer a Deus. Lembre-se do que Deus diz: "Não façam ídolos, nem imagens, nem colunas sagradas para vocês, e não coloquem nenhuma pedra esculpida em sua terra para curvar-se diante dela..." (Lv 26:1) No entanto, o que pode ser um ídolo para uma pessoa não é, necessariamente, um ídolo para outra. *Você* é quem faz de alguém ou de algo um ídolo.

Me humilhei perante Deus e pedi-lhe que retirasse isso do meu coração. Comecei a destruir aquele ídolo, não dando mais lugar para ele na minha vida. Parei de assistir aos jogos e o desejo, consequentemente, se foi. Hoje, posso ver o time jogar sem sentir nenhuma atração. Na verdade, atualmente, para mim, é até enfadonho assistir aos jogos profissionais de futebol{americano}.

O golfe era outro ídolo em minha vida. Eu gostava muito de jogar golfe. Pensava nisso constantemente. Me levantava às 4h30min da manhã para ir ao campo de golfe e reservar uma partida com dois dias de antecedência, mas orar às 4h30min da manhã era outra coisa. Orar era uma luta, mas jogar era um divertimento. Um dia, estava orando e, no meio da oração, comecei a ver o nono buraco do meu campo de golfe favorito em Dallas, e vi-me desejando estar ali no meio de um jogo. O Senhor falou comigo: "John, doe seu equipamento de golfe para seu amigo Matt". Eu sabia que era Deus quem estava falando mas estava tentando ignorá-lo. Tinha acabado de comprar um conjunto de tacos e um saco de golfe que valiam mais de quinhentos dólares. Meu material anterior tinha sido roubado da garagem e o seguro tinha nos dado um novo material. Tinha usado aqueles tacos somente uma vez e adorei. Pensei: "Se eu doar esse material, não poderei comprar outro". Foram quatro dias, até que me decidisse a doá-los, mas no quarto dia minha esposa e eu fomos à casa do meu amigo e lhe demos todo aquele equipamento de golfe. No caminho, minha esposa ainda disse: "Querido, você tem certeza de que foi Deus quem lhe falou para fazer isso?" Mas, assim que doei aquele material experimentei uma alegria tremenda e percebi que aquele esporte não era mais um ídolo na minha vida. Como resultado disso, aproximei-me mais e mais do Senhor.

Um ano depois, algo impressionante aconteceu. Um homem disse à minha esposa: "Abra o seu porta-malas porque tenho algo para o seu marido". Então, colocou ali dentro um conjunto de tacos e um saco de golfe. Depois, nos mudamos para a Flórida e dentro de poucas semanas um outro homem disse: "Abra seu porta-malas pois tenho algo para você". Ele tinha feito parte do circuito profissional de golfe e me deu o melhor conjunto de tacos de golfe que já vi, no valor de dois mil dólares aproximadamente. Ele olhou para mim e disse: "Deus falou comigo para dá-los a você, pois o golfe não faz mais parte na minha vida". No primeiro instante pensei: "Será que isso é uma armadilha do inimigo para colocar-me suas algemas novamente?" No entanto, Deus disse: "Aceite, isso vem de mim!"

Aqueles tacos de golfe ficaram na nossa garagem durante um ano e meio, e eu os usei apenas uma vez. Deus havia colocado o golfe no lugar certo em minha vida. Hoje, jogo golfe ocasionalmente, como um meio de relaxar e de ter comunhão com os outros. É importante para nós termos períodos de "recreação", tempos de descanso e de relaxamento; isso nos mantém em boa forma física e focados. O golfe não é mais um ídolo para mim. Se Deus me falasse para parar totalmente de jogar golfe, faria isso sem hesitação, pois isso não me prende mais.

O terceiro ídolo era a comida. Você talvez me pergunte: "Como a comida pode ser um ídolo? Ela é necessária para a vida". Se ela consiste num prazer maior do que Deus em sua vida, é um ídolo. Eu pesava apenas sessenta e nove quilos, mas amava comer. Preferia comer do que fazer qualquer outra coisa, mesmo que não tivesse fome. Se estivesse um pouco cheio, ficava ansioso para estar com fome novamente para me alimentar de novo. Muitas pessoas são assim. Elas não fumam nem bebem, mas dão à sua carne a comida pela qual estão clamando. Elas estão sob uma forma de vida legalista; abstêm-se de beber e de fumar, não por causa do amor a Deus, mas por causa da "lei". Não é contra a religião delas entregar-se à comida, então elas estão presas aos excessos socialmente aceitos.

O processo, que Deus usou para expor esse ídolo, foi semelhante ao usado para expor os Cowboys. Certa manhã, estava pronto para encher a tigela com meu cereal favorito, quando o Espírito de Deus falou: "John, eu quero que você faça um jejum nesta manhã". Sabia que era Deus quem estava falando. Meu primeiro pensamento foi: "Puxa, como estou faminto. Estou ansioso por este café-da-manhã (era a minha refeição favorita na ocasião)". Depois, comecei a questionar: "Por que o Senhor está me falando para jejuar faltando apenas dez minutos para orar antes de ir para o trabalho? O que pode ser concluído neste curto período de tempo? Sei o que vou fazer, vou jejuar na próxima segunda, terça e quarta". Pensei que Deus estaria feliz com o meu sacrifício, em lugar da obediência! Por isso coloquei o cereal na tigela e comi. Deus estava usando isso para mostrar-me que a comida era um ídolo! Ele mostrou-me que eu preferia a comida a obedecer-lhe! Essa verdade me libertou daquela escravidão. Hoje, a comida tem o lugar apropriado em minha vida. Continuo gostando de comer, mas, quando estou satisfeito, paro.

Será Que as Bênçãos Podem Se Tornar Ídolos?

Quase sempre os ídolos são coisas do dia-a-dia em nossa vida. O mesmo era verdade para o povo de Israel. Eles pegaram brincos de ouro simples e formaram um bezerro de ouro. Esses brincos foram dados por Deus quando eles deixaram o Egito. O

Senhor fez com que os egípcios dessem seus artigos de ouro e prata aos filhos de Israel (Êx 12:36).

Vemos, mais uma vez, que um ídolo não é nada em si mesmo, e sim o que fazemos dele em nosso coração. O coração deles não estava buscando a Deus, e sim a seus próprios desejos. Enquanto Deus estava operando poderosamente e provendo-os do que queriam, eles o adoravam. Quando abriu o Mar Vermelho - eles louvaram com júbilo e danças diante do Senhor. E quando destruiu seus inimigos - Miriã e todas as mulheres pegaram os tamborins e dançaram, louvando a Deus. Mas, na ausência da operação do seu poder de milagres, ou na ausência de Moisés, revelaram o que realmente se passava em seus corações. Três dias depois, a murmuração começou. Como podiam ser tão ingratos, mudando sobre sua confiança em Deus tão rapidamente? É fácil entender - tinham ídolos em seu coração e não estavam satisfeitos em ter Deus apenas. Por isso, Deus testificou contra Israel: "Ela não abandonou a prostituição *[idolatria]* iniciada no Egito..." (Ez 23:8), *[inserção do autor]*.

Moisés era diferente. Ele seguia a Deus, sem se importar se as coisas se tornavam difíceis ou se Deus parecesse estar distante dele. Moisés tinha um só desejo: conhecer a Deus! Todas as outras coisas em sua vida estavam focalizadas nesse alvo.

Se o seu desejo é outra coisa a não ser conhecer a Deus intimamente, isso irá brotar em épocas áridas e de lutas. A base da idolatria é a auto-satisfação. O Novo Testamento refere-se a isso como "avareza".

> "Assim, façam morrer tudo o que pertence à natureza terrena de vocês: imoralidade sexual, impureza, paixão, desejos maus e <u>a ganância, que é idolatria</u>."
> – COLOSSENSES 3:5 *(grifo do autor)*

Ser ganancioso quer dizer desejar algo intensamente. Isso é característico da pessoa que é dirigida por sua própria vontade, não da pessoa que calculou o custo e abandonou tudo para seguir a Jesus. Deus quer que sejamos abençoados e desfrutemos das coisas boas que Ele colocou nesta terra. Entretanto, se essas coisas são mais preciosas do que Ele em nossa vida, se tornam ídolos para nós.

Certa vez, depois de quatro dias de jejum, fiz uma oração que veio do meu coração e que minha mente havia ouvido somente depois de pronunciá-la: "Deus, meu Pai, se as bênçãos que o Senhor me dá ou me dará vierem substituir o meu amor pelo Senhor, então remova-as da minha vida!" Minha cabeça balançou e argumentei: "Espere um pouco! Ele me deu essas bênçãos. Eu não deveria orar dessa forma!" Meu coração rapidamente respondeu que mesmo aquelas bênçãos de Deus poderiam tornar-se ídolos na minha vida. Não busque as bênçãos, sem buscar o Abençoador! Lembre-se de como os filhos de Israel vieram à Terra Prometida e rapidamente se esqueceram de que Deus havia sido quem os abençoara e começaram a erigir lugares de adoração a ídolos na terra! "Ergueram colunas sagradas e postes sagrados em todo monte alto e debaixo de toda árvore frondosa." (2 Rs 17:10). Jeremias também advertiu Israel sobre tornar as promessas de Deus em ídolos:

> "Durante o reinado do rei Josias, o Senhor me disse: 'Você viu o que fez Israel, a infiel? Subiu _todo monte elevado e foi para debaixo de toda árvore verdejante_ para _prostituir-se_... E por ter feito pouco caso da imoralidade, Judá contaminou a terra, _cometendo adultério com ídolos de pedra e madeira_.'"
> – JEREMIAS 3:6, 9 *(grifo do autor)*

No livro de Malaquias, Deus fala aos sacerdotes de Israel:

"'E agora esta advertência é para vocês, ó sacerdotes. Se vocês não derem ouvidos e não se dispuserem a honrar o meu nome', diz o Senhor dos Exércitos, 'lançarei maldição sobre vocês, e até <u>amaldiçoarei as suas bênçãos. Aliás, já as amaldiçoei, porque vocês não me honram de coração</u>.'"
— MALAQUIAS 2:1-2 *(grifo do autor)*

No Novo Testamento, Jesus multiplicou dois peixinhos e cinco pedaços de pão para alimentar as multidões e depois dirigiu-se para o outro lado do mar. No dia seguinte, a multidão veio à procura de Jesus. Ao invés de se orgulhar pela multidão de pessoas que atravessou o mar para encontrá-lo, Ele as repreendeu, sabendo que o buscavam porque havia enchido o estômago delas, e não por reconhecerem quem Ele era! Jesus havia sido apenas a fonte de suprimento delas em tempo de necessidade! Muitos buscam a Deus em situação de crise, mas em tempo de paz voltam-se para seus ídolos e se alegram neles, não em Deus.

Como pai de três meninos, eu os amo e desejo o melhor para eles. Quase sempre, quando volto de minhas viagens, trago algum presente para eles. Eu gosto de ver o rosto deles cheio de excitação por causa dos presentes. Você poderia imaginar como me sentiria se eles me vissem apenas como aquele que lhes dá presentes? Como seria se outro homem lhes desse presentes e seu coração se voltasse para ele porque haviam recebido dele o que queriam? Ele não os havia ensinado, corrigido, ou cuidado deles como um pai. Mas se o motivo deles fosse o que poderiam receber de mim, o coração deles poderia facilmente ser entregue a outro. Agora dá para entender por que Deus diz que Ele é um

Deus ciumento? Ele tem cuidado de nós como Pai e deseja o nosso amor como filhos queridos. Ele tem nos dado seu amor gratuitamente e espera o mesmo de nós.

Certa vez, quando estava orando numa floresta, preparando-me para um culto, o Senhor me disse: "John, pergunte ao meu povo se ele quer que Eu o sirva como me tem servido? Se quer que a minha fidelidade seja como a deles?" As lágrimas começaram a descer ao mesmo tempo que senti como o estávamos servindo. Jesus se deu integralmente por nós. "Portanto, ele é capaz de salvar definitivamente aqueles que, por meio dele, aproximam-se de Deus, pois vive sempre para interceder por eles." (Hb 7:25). Ele não apenas se deu por nós através de sua morte na cruz, mas ainda hoje Ele se dá em intercessão por todos nós.

Uma Noiva Santa

Deus está enviando uma unção profética "para apresentar um povo preparado para o Senhor". Suas palavras vão purificar e lavar o povo de Deus, mudando-lhes totalmente a esperança ou desejo em relação a Ele e não aos ídolos que o mundo possui. Cristo deu a si mesmo pela Igreja: "...para _santificá-la_, tendo-a _purificado_ pelo lavar da água _mediante a palavra_, e para apresentá-la a si mesmo como _igreja gloriosa_, sem mancha nem ruga ou coisa semelhante, mas santa e inculpável." (Ef 5:26-27) *(grifo do autor)*. Observe que a Igreja é chamada de "ela" (v. 25). Paulo está comparando o relacionamento de Cristo com a Igreja como o relacionamento do marido com a esposa. A Igreja toma a posição de esposa ou de noiva nessa porção das Escrituras. Paulo ainda enfatiza isso no verso 32: "Este é um mistério profundo; refiro-me, porém, a Cristo e à igreja.".

Permita-me fazer-lhe uma pergunta. Imagine uma moça prometendo ao homem com quem está noiva: "Querido, serei uma ótima esposa. Vou cozinhar as melhores refeições, conservar a casa limpa e sempre me apresentarei linda. Serei fiel a você por 364 dias no ano. Quero que você me dê apenas um dia por ano para que eu possa cometer adultério com os meus antigos namorados". Você concordaria com isso? E se dissesse que seria infiel apenas quatro horas por ano? Você concordaria? E se fosse apenas por dez minutos? A maioria de nós não concordaria com nenhuma dessas propostas. Quem se casaria com uma pessoa como essa? Embora tenha se oferecido para ser uma esposa brilhante, ela não está oferecendo a totalidade do seu coração. Ela ainda tem outros amantes, mesmo que só cometa adultério uma vez por ano.

Você pode imaginar Jesus voltando para uma noiva com a mesma atitude? Com o coração entregue aos ídolos? Agora, entendemos por que Paulo adverte a Igreja do Novo Testamento, assim: "...meus amados irmãos, fujam da idolatria." (1 Co 10:14). E, pelas mesmas razões, João aconselha: "Filhinhos, guardem-se dos ídolos." (1 Jo 5:21).

Capítulo 10

Boa Raiz – Bom Fruto

É um relacionamento e não uma lei.

"*Deem <u>frutos que mostrem o arrependimento</u>...O machado já está posto <u>à raiz das árvores</u>, e toda árvore que não der bom fruto será cortada e lançada ao fogo*".
– LUCAS 3:8-9 *(grifo do autor)*

A Raiz É Que Produz O Fruto

Muitas pessoas, quando se arrependem de seus pecados, lidam apenas com o fruto, não com a raiz! Se você arrancar um fruto de uma árvore, ele nascerá novamente! Mas se cortar a raíz da árvore o fruto nunca mais nascerá! Para isso, é preciso que nos arrependamos da motivação do coração que produz o fruto do pecado. Todo pecado é automotivado. Se alguém peca por outro, isso ainda é feito por razões egoístas. Portanto, a raiz de todo pecado é o egoísmo. O amor de Deus, por outro lado, não busca seus próprios interesses (1 Co 13:5). Somos exortados pela Palavra de Deus a sermos *arraigados* e alicerçados em amor (Ef 3:17). Se andarmos no perfeito amor, não iremos pecar, tal como uma árvore cuja raiz sendo boa não pode produzir frutos maus. Deus não é egoísta! Sua própria natureza é dar. Ele é amor! Para que sejamos enraizados no amor de Deus, primeiro precisamos entender seu amor por nós.

    Poucos anos depois da minha conversão, estava dirigindo de volta para casa e o Senhor me disse: "John, você sabia que Eu estimo você mais do que a mim mesmo?" Não podia acreditar naquilo que estava ouvindo. Como Deus poderia estimar-me mais do que a si mesmo? Ele é o Criador dos céus e da Terra; Ele é Deus! Então disse: "Senhor, não posso aceitar isso, a menos que me dê três textos bíblicos no Novo Testamento confirmando o que estás me dizendo". Ele não me repreendeu, porque da boca de duas ou três testemunhas toda a palavra é confirmada. Então, Ele disse: "O que está escrito em Filipenses 2?" Abri a Bíblia e li:

> "Nada façam por _ambição egoísta_ ou por vaidade, mas humildemente _considerem os outros superiores a si mesmos_."
> – FILIPENSES 2:3 *(grifo do autor)*

O Senhor disse: "Aí está o seu primeiro texto". Eu respondi: "Mas o Senhor está falando sobre seu relacionamento comigo. Paulo estava escrevendo aos cristãos filipenses, dizendo-lhes que deveriam estimar os outros mais do que a si mesmos". Ele respondeu: "John, eu nunca digo aos meus filhos para fazer algo que Eu primeiro não faça". Esta é a razão por que há muitos problemas em lares cristãos. Os pais falam para os filhos não se comportarem de certa maneira, mas eles mesmos não dão o exemplo. Falamos para nossos filhos não brigarem e nós mesmos brigamos. Então, nossas ações falam mais alto do que as nossas palavras e os filhos crescem imitando o que eles veem, ao invés do que lhes é ensinado. Como ainda tinha dúvidas sobre o que Deus havia me falado, disse: "Isso é apenas um dos textos bíblicos. O Senhor ainda precisa me mostrar mais dois!"

Então Ele me disse: *"John, quem morreu na cruz, eu ou você?"* Me derreti quando Deus disse isso. Ele disse mais: "Eu fui pendurado na cruz por causa de *seus* pecados e enfermidades, *sua* pobreza, *sua* condenação, porque *o estimo mais do que a mim mesmo!*" Jesus nunca cometeu qualquer pecado. Na verdade, nem precisava ter vindo à Terra. Ele poderia ter-nos deixado ir para o fogo eterno com o Diabo e seus anjos (Mt 25:41). Ele não veio para si mesmo, mas por nós! A seguir, estão o segundo e o terceiro versos que Deus me mostrou: "Ele mesmo levou em seu corpo os <u>nossos pecados</u> sobre o madeiro, a fim de que morrêssemos para os pecados e vivêssemos para a justiça; por suas feridas vocês foram curados." (1 Pe 2:24), *(grifo do autor)*.

"Dediquem-se uns aos outros <u>*com amor fraternal*</u>. <u>*Prefiram dar honra aos outros*</u> mais do que a si próprios."
– ROMANOS 12:10 *(grifo do autor)*

Ele disse: "John, Eu sou o primogênito entre muitos irmãos" (Rm 8:29). Eu não havia percebido a profundidade de seu amor até aquele momento. A partir de então percebi que, se apenas uma pessoa tivesse se perdido, Ele teria vindo e feito o mesmo. Essa espécie de amor é a fundação do reino de Deus onde precisamos estar enraizados, e a maneira como devemos tratar uns aos outros!

Servir Ou Ser Servido

Por causa da rejeição, muitos não entendem essa espécie de amor. Filhos têm sido frequentemente rejeitados por seus pais.

A maneira como vemos nossos pais terrenos afeta a maneira como vemos nosso Pai celestial. Assim, Deus se revela a nós de outra maneira. A unção de Elias está sendo enviada para fazer "...com que os corações dos pais se voltem para seus filhos, e os corações dos filhos para seus pais; do contrário, eu virei e castigarei a terra com maldição." (Ml 4:6).

Nos EUA, começamos a perder nossos pais como nação nos anos 40 e 50 e tem ficado cada vez pior. O egoísmo começou esse processo de rejeição. As exigências da paternidade interrompiam a vida de homens de sucesso. Outros eram muito preguiçosos. Agora, muitas pessoas veem Deus como aquele que tira e não como aquele que dá. Eles não podem receber o amor de Deus por eles, porque pensam que isso precisa ser ganho através da obtenção da sua aprovação e do seu amor, como no caso de seus pais terrenos. Muitos pais e líderes da igreja estão mais preocupados com seus alvos do que com seus filhos ou com o povo que Deus lhes tem confiado. As pessoas são apenas os recursos para que eles cumpram sua visão. O sucesso de sua visão é mais importante do que o propósito dela, deixando-nos sem nenhum discípulo. Ao invés de servirem as pessoas que Deus lhes confiou, eles exigem ser servidos, para cumprir a visão.

Depois da última ceia, o Senhor Jesus levantou-se, pegou uma toalha, colocou água dentro da bacia e começou a lavar os pés dos discípulos, secando-os com ela. Então, disse:

> "... Vocês entendem o que lhes fiz? Vocês me chamam 'Mestre' e 'Senhor', e com razão, pois eu o sou. Pois bem, se eu, sendo Senhor e Mestre de vocês, lavei-lhes os pés, vocês também devem lavar os pés uns dos outros. Eu lhes dei _o exemplo_, para que vocês façam como lhes fiz."
> – JOÃO 13:12-15 *(grifo do autor)*

A Voz que Clama

Esse é o tipo de liderança para a qual Ele nos chamou. Líderes que buscam servir e não serem servidos. Gostaria destacar o seguinte: Jesus lavou os pés de Judas também! Ele sempre estava tentando alcançar até mesmo aquele que estava pronto para traí--lo. Ele não usou sua autoridade para proteger sua própria vida ou seu ministério! Quantas vezes os líderes sufocaram alguns de seus subordinados porque suspeitaram deles? A verdade é que eles não estão seguros de seu chamado. Não são perfeitos no amor porque têm medo de que aquilo que lhes foi dado possa ser roubado deles. Isso aconteceu com Saul. Quando pensou que Davi ia ganhar o coração do povo, ele tentou apagar Davi. Os homens de Saul o serviam porque tinham medo dele. Os homens de Davi o serviam por amor. Eles o conheciam como um homem segundo o coração de Deus, que tinha um amor genuíno para com aqueles que o serviam. Essa é a razão por que, ao desejar beber da água de Belém, três homens arriscaram a vida, atravessando a linha inimiga para cumprir o desejo de Davi. O que havia na vida desse homem para fazer outros agirem dessa maneira por ele? O cuidado dele por seus homens pode ser visto quando lhe trouxeram a água. Davi se recusou a bebê-la, porque aqueles homens haviam colocado a vida em perigo para cumprir o desejo dele. Saul exigia respeito, enquanto Davi ganhava o respeito de seus homens.

Jesus nos deu a seguinte ordem alucinante, depois de lavar os pés de seus discípulos:

"Um novo mandamento lhes dou: Amem-se uns aos outros. *Como eu os amei*, vocês devem amar-se uns aos outros. Com isso todos saberão que vocês são meus

discípulos, se vocês se amarem uns aos outros".
— JOÃO 13:34-35 *(grifo do autor)*

Jesus ordena - não é uma sugestão - que amemos uns aos outros da mesma forma que Ele acabara de demonstrar. Que estimemos aos outros mais do que a nós mesmos. Se estivermos enraizados nessa espécie de amor não egoísta, o pecado não produzirá mais fruto! Poderíamos andar livres de motivações egoístas. Ele disse que por essa espécie de amor o mundo nos reconheceria como verdadeiros discípulos. Não pelo que pregamos! O mundo está cansado de simplesmente ouvir que Deus transforma vidas, porém quer ver o seu poder transformador na vida dos crentes! Não é pelos milagres feitos em seu nome que nos conhecerão como seus discípulos. A Bíblia fala sobre os sinais e maravilhas mentirosos dos últimos dias (2 Ts 2:9). Milagres chamam a atenção, mas o amor de Deus é o que manterá a atenção deles. Tenho ouvido pregadores dizerem que o mundo conhecerá que somos dele pela nossa riqueza financeira. Certamente temos visto que isso não é verdade! O mundo hoje está debochando dos crentes por causa do seu excessivo amor pelo dinheiro! As pessoas percebem a competição, inveja e arrogância entre os crentes – ocultos por trás da máscara do ministério ou das promessas da Bíblia, mas, ainda assim, motivados pelo amor ao ego.

Se Você Me Ama

Como podemos guardar este mandamento de amar como Ele ama? Como podemos andar nesta espécie de amor? Se é ordem de Deus, significa que não é impossível de se cumprir.

Somente torna-se impossível quando tentamos fazê-lo na nossa própria força. Deus seria injusto se nos desse um mandamento impossível de ser cumprido. Examinemos cuidadosamente as palavras de Jesus:

"Se vocês me amam, obedecerão aos meus mandamentos."
– JOÃO 14:15

Certa vez, estava me preparando para ministrar e o Espírito de Deus dirigiu minha atenção para esse texto. Entendi como se Deus estivesse me dizendo: "John, se você me ama, vai provar isso guardando os meus mandamentos". Depois que meditei nessa ideia por alguns momentos, o Senhor falou-me para ler esse verso novamente. Então, li de novo. Ele disse: "Você não entendeu o que estou dizendo - leia novamente". Isso se repetiu até a décima vez. Finalmente, disse: "Senhor, perdoe a minha ignorância; mostra-me o que o Senhor está dizendo!" Ele disse: "John, Eu não estava dizendo que se você guardar os meus mandamentos irá provar que me ama. Eu já sei se você me ama ou não. O que Eu estava dizendo era que se alguém ficar totalmente apaixonado por mim, será capaz de guardar os meus mandamentos!"

É um relacionamento e não uma lei. Eu o via como lei. Hoje em dia, muitas pessoas o conhecem dessa maneira. Ao invés de um relacionamento de amor com Deus, elas o substituem por "Sete passos para a cura", "Quatro características da salvação", "Cinco textos sobre prosperidade" ou por "O batismo do Espírito Santo". Eles imaginam que Deus esteja contido em suas caixinhas-de-promessas, para ser retirado e usado quando sentirem necessidade. Então se perguntam por que têm tantos problemas com o pecado! Por que os seus mandamentos são tão duros de serem guardados? Porque tais pessoas não estão enraizadas no amor de Deus!

Vamos ilustrar isso. Você já esteve apaixonado por alguém? Quando estava noivo da minha esposa, Lisa, eu estava louco de amor por ela. Pensava nela constantemente. Faria qualquer coisa para passar o maior tempo possível com ela. Se ela precisasse de alguma coisa, não importava o que estivesse fazendo ou que hora fosse, entrava no meu carro e ia atrás do que ela quisesse. Não precisava me forçar a falar sobre ela com os outros - eu a elogiava para quem quisesse ouvir.

Por causa do meu amor intenso por ela, era uma alegria para mim fazer qualquer coisa que desejasse. Eu não fazia as coisas para provar que a amava, mas porque a amava. Ela tinha toda a minha atenção. Minha afeição era para ela. Já não pensava mais em nenhuma antiga namorada. Não havia nenhuma outra moça que eu quisesse. Ela era a menina dos meus olhos.

Mas, depois de alguns poucos anos de casado, voltei minha atenção para outras coisas, como o trabalho do ministério. Agora era uma chatice fazer algo por ela. Não estava mais muito preocupado com ela e percebi que ela não ocupava mais os meus pensamentos como antes. Os presentes que lhe dava eram mais por obrigação da ocasião, como no Natal e nos aniversários de nascimento e casamento - e até isso era um aborrecimento.

Nosso casamento estava em perigo. Nosso primeiro amor estava morrendo! Como a intensidade do primeiro amor não existia mais era difícil até mesmo dialogar. Naquele momento, Deus abriu o meu coração para compreender o quão egoísta havia me tornado. Graciosamente, Ele reacendeu a chama do nosso primeiro amor e curou nosso casamento. À luz disso, você pode entender por que Jesus disse: "Contra você, porém, tenho isto: você <u>abandonou o seu primeiro amor</u>. Lembre-se de onde caiu! <u>Arrependa-se e pratique as obras que praticava no princípio</u>. Se não se arrepender, virei a você e tirarei o seu candelabro do lugar dele." (Ap 2:4-5), *(grifo do autor)*.

Jesus está falando à sua Igreja nesse texto! O que Ele quer dizer com: "arrependa-te e faça as primeiras obras"? No início desse texto ele diz: "Conheço as tuas obras, sua paciência e que não podes suportar aqueles que praticam o pecado". Não estamos falando de pessoas inativas. Então por que Ele diz "arrependa-te e pratique as obras que praticava no princípio"? A resposta é que, agora, elas estavam servindo por obrigação, não por um relacionamento de amor. Significa que Ele está dizendo: "Arrependa-se e mude seu coração, deixe seu amor retornar para mim; remova seus ídolos e sirva-me novamente por amor, não por tradição!"

Se o nosso coração está enraizado em amor intenso por Ele, então guardar seus mandamentos não é um jugo pesado, mas um prazer. Como podemos nos apaixonar por Ele e continuarmos apaixonados? A resposta está no seguinte texto:

> "Portanto, já que vocês ressuscitaram com Cristo, <u>procurem</u> as coisas que são do alto, onde Cristo está assentado à direita de Deus. <u>Mantenham o pensamento</u> nas coisas do alto, e não nas coisas terrenas... <u>façam morrer tudo o que pertence à natureza terrena de você</u>s: imoralidade sexual, impureza, paixão, desejos maus e a ganância, que é idolatria."
> – COLOSSENSES 3:1-2, 5 *(grifo do autor)*

Aquilo que buscamos é aquilo no qual nosso afeto está concentrado! Se buscarmos o sucesso, nosso afeto será colocado no sucesso - mesmo se dentro do ministério! Durante o noivado, pensava em Lisa constantemente e estava sempre tentando passar mais tempo com ela. Queria estar na sua presença o maior tempo possível. Quando buscamos a presença de Deus, nosso amor é dedicado a Ele. Muitos crentes equivocados vão à igreja, dão seus dízimos, cantam louvores de adoração, concordam com a mensagem do pregador e, possivelmente, até auxiliam no ministério, mas tudo isso é feito por obrigação. Entretanto, se alguém toca numa área onde o coração deles está posto, uma partida do campeonato de futebol, por exemplo, eles logo se motivam e, com um brilho diferente nos olhos e grande empolgação, discutem sobre qual a equipe que vai ganhar. Onde o amor deles *está firmado*? Onde o seu amor estiver *firmado*, aí está o que vai dominar seus pensamentos. Não tinha problema para pensar em Lisa sempre que o trabalho não exigisse minha total atenção. Sempre que havia um intervalo no trabalho, minha mente se voltava para onde estava *firmada* - Lisa! Quando comecei a assistir o Dallas Cowboys, o jogo prendia muito pouco minha atenção. No entanto, aquela pequena atenção começou a crescer conforme assistia mais jogos. Falava e pensava cada vez mais neles, até que se tornaram um ídolo na minha vida. Da mesma forma, quanto mais buscamos a presença do Senhor, mais ele se manifestará a nós; mais e mais estaremos desejosos de buscá-lo, até que esse desejo nos consuma! Jesus nos mostrou isso no Evangelho de João:

> "Quem tem os meus mandamentos e lhes obedece, esse é o que me ama. *Aquele que me ama* [que o busca de todo coração] será amado por meu Pai, e eu também o amarei e *me revelarei a ele*."
> – JOÃO 14:21 *(grifo do autor)* [inserção do autor]

Quanto mais experimentarmos a manifestação de sua presença, mais vamos desejá-la. Muitas pessoas fracassam, quando falham em perseverar em buscar a Deus, mesmo quando parece que Ele não está perto. "Vocês me procurarão e me acharão quando me procurarem de todo o coração." (Jr 29:13). A chave é buscar a Deus *de todo o coração*! Se perdermos algo de grande valor, não vamos procurá-lo apenas por cinco minutos e parar. Vamos continuar procurando até achar, não importando quanto tempo seja necessário! "Deus...recompensa aqueles que o buscam." (Hb 11:6). Precisamos buscar até encontrar - pois Ele nos tem prometido que se o buscarmos diligentemente *iremos* encontrá-lo. Isso talvez não aconteceça dentro da nossa previsão, mas certamente sua presença será manifesta!

Note o que diz Paulo: "...façam morrer tudo o que pertence à natureza terrena..." (Cl 3:5) O pecado é vencido não pela lei das obras, mas pela intensa busca a Deus. Quando o buscamos intensamente, nosso afeto e amor são direcionados para Ele, removendo assim os desejos da carne! Isso retorna ao que Jesus disse: se estivermos apaixonados por Ele, vamos ter prazer em cumprir os seus mandamentos. Muitos estão tentando crucificar as obras da carne sem terem um relacionamento ativo com Ele! Assim, podemos entender o que o Apóstolo Paulo disse em Gálatas: "...Vivam pelo Espírito, e de modo nenhum satisfarão os desejos da carne." (Gl 5:16). Estar no Espírito anula os desejos da carne!

Esse foi o propósito de Deus quando nos criou! Se olharmos para Adão, no Jardim do Éden, entenderemos a razão para a sua criação. Deus não colocou Adão naquele jardim para que tivesse um ministério de cura ou evangelístico bem sucedido, ou de libertação, ou para ter uma grande igreja. Deus o criou porque desejava ter comunhão com ele. O mesmo é verdade hoje. Deus deseja nossa comunhão. Ele busca aqueles que gastarão tempo com Ele, não através de orações religiosas, mas em espírito e em verdade.

Você consegue me imaginar, aproximando-me de minha esposa segurando um cartão de instruções? Passo 1: Fale que ela está bonita. Passo 2: Segure sua mão. Passo 3: Olhe dentro de seus olhos e diga-lhe "eu amo você" etc. Onde você acha que eu iria chegar? Assim é o tipo de relacionamento que algumas pessoas tentam ter com Deus. Se continuarem com esse padrão legalista, verão sua vida sumir como a maré baixa. Deveríamos buscar a Deus não por obrigação, mas pelo desejo de estar em sua presença. Nossa comunicação com Ele deve ser através do coração. Devemos odiar o pecado, porque amamos a Deus e não queremos que nada atrapalhe nossa comunhão com Ele.

Continuando com o exemplo do meu relacionamento com minha esposa, vamos supor que fixássemos um período diário, das 17 às 18 horas, para termos comunhão. Tudo que ela quisesse falar comigo teria de esperar até às 17 horas. Para piorar, quando chega a hora, sou eu quem fala o tempo todo. Ela não pôde entabular nenhum assunto, porque eu falei sem cessar. Então, às 18 horas em ponto, eu me levanto, digo que foi maravilhoso e saio. Que espécie de relacionamento é esse?

O exemplo que acabo de dar era a minha rotina poucos anos atrás. Orava por duas horas todas as manhãs, das 5 às 7. Então, saía de casa e andava por uma rua deserta, conversando zelosamente com o Senhor. Levava uma lista de pedidos e orava por qualquer outra coisa que surgisse em minha mente. Eu me orgulhava do meu zelo.

Então, numa certa manhã, depois de completar minhas duas horas de oração, comecei a andar de volta para casa, quando o

Senhor me abalou falando ao meu espírito em alta voz: "QUERO AS OUTRAS VINTE E DUAS HORAS DO DIA TAMBÉM!" E continuou: "John, você vem para este lugar quase todas as manhãs e ora por duas horas e, quando diz 'amém', às 7 horas, volta para suas atividades do dia excluindo-me de quase todas elas". Ele me mostrou que queria o meu coração aberto para ouvir a sua voz o tempo todo, não apenas durante meu período de oração.

Isto é um relacionamento de comunhão com Deus. Algumas das mais importantes coisas que Deus tem me revelado não aconteceram durante o período separado para oração, mas sim dirigindo o carro, tomando banho, cortando a grama ou fazendo alguma outra atividade. O Espírito do Senhor está conosco em todos os momentos, não apenas durante o período que dedicamos à oração. Não me entenda mal, todos nós devemos ter um período diário de oração, quando vamos a um lugar reservado para buscar o Senhor. Mas isso deve ser feito mediante um desejo de manter comunhão com Ele. Então, quando termina o período de oração, a comunhão com Ele continua!

Muitos crentes vivem numa rotina espiritual diária. Eles entoam cânticos de louvor e adoração e fazem longas orações sem terem nenhuma comunhão com o Espírito Santo. Depois, ficam perguntando por que o fogo desapareceu? Por que servir a Deus se tornou tão tedioso? Por que as atrações dessa vida prendem a sua atenção mais facilmente do que as coisas de Deus? A resposta é que você tem se distanciado do propósito para o qual foi criado - a comunhão com o Deus Vivo.

Jesus mandou que nos arrependêssemoss e voltássemos à prática das primeiras obras. Que o servíssemos com um amor ardente e não por obrigação. Se o amor a Deus é a raiz da nossa motivação, então teremos o fruto do arrependimento. O fruto pode ou não manifestar-se imediatamente, mas vai manifestar-se. Portanto, a obra do arrependimento não está completa, até que o fruto se manifeste. Não permita que alguma resistência de qualquer tipo impeça você de continuar conhecendo-o. Continue caminhando em direção ao alvo do elevado chamado de Deus em Cristo Jesus, para conhecê-lo como você é conhecido por Ele! Que a graça de Deus e sua presença sejam com você, em Cristo Jesus, nosso Senhor.

> "Àquele que é poderoso para impedi-los de cair e para apresentá-los diante da sua glória sem mácula e com grande alegria, ao único Deus, nosso Salvador, sejam glória, majestade, poder e autoridade, mediante Jesus Cristo, nosso Senhor, antes de todos os tempos, agora e para todo o sempre! Amém."
> – JUDAS 24-25

Sobre o Autor

John P. Bevere, Jr.
John Bevere Ministries

Caracterizado por sua ousadia e paixão, John transmite a verdade sem concessões através de sua experiência como autor premiado de best-sellers como *A Isca de Satanás* e *Movido pela Eternidade*, traduzidos para mais de sessenta idiomas. John é conferencista internacional e um dos apresentadores do programa de televisão *The Messenger*, transmitido mundialmente. Vive em Colorado Springs com seus filhos e sua esposa, também autora de best-sellers e conferencista.

Outros títulos de John Bevere

A Isca de Satanás*
A Isca de Satanás - Devocional*
Quebrando as Cadeias da Intimidação*
Movido pela Eternidade*
Implacável*
O Espírito Santo*
A História do Casamento*

O Temor do Senhor*
Extraordinário*
Do Bem ou De Deus?*
A Recompensa da Honra*
Acesso Negado*
Vitória no Deserto*
Resgatado*

* Disponíveis também em inglês no Formato Currículo

Messenger International
life-transforming truth.

UNITED STATES
PO Box 888
Palmer Lake, CO 80133

Phone: 800-648-1477
Email:
Mail@MessengerInternational.org

AUSTRALIA
Rouse Hill Town Centre
PO Box 6444
Rouse Hill NSW 2155

Phone: 1-300-650-577
Outside Australia:
+61 2 9679 4900
Email:
Australia@MessengerInternational.org

UNITED KINGDOM
PO Box 1066
Hemel Hempstead
Hertfordshire,
HP2 7GQ

Phone: 0800-9808-933
Outside UK:
(+44) 1442 288 531
E-mail:
Europe@MessengerInternational.org

www.MessengerInternational.org

LANÇAMENTOS

A História do Casamento

Era uma vez um tempo em que o casamento era para sempre. Era uma aliança que unia um homem e uma mulher. Como foi que perdemos o contato com essa profunda história de amor? Em A História do Casamento, John e Lisa Bevere convidam você a redescobrir o plano original de Deus. Quer você seja casado, solteiro ou noivo, sua história faz parte da história de Deus.

Resgatado

Para Alan Rockaway, sua nova esposa Jenny e seu filho adolescente Jeff, seria nada mais do que uma bela excursão turística submarina, o encerramento prazeroso do cruzeiro de uma semana para casais cristãos. De repente, a colisão terrível e o mergulho em direção ao desconhecido...
Tudo que Alan achava sobre si mesmo, sobre o que lhe esperava no futuro, foi virado de cabeça para baixo.

Do Bem ou De Deus?

Acreditamos que o que é geralmente aceito como do bem deve estar alinhado com a vontade de Deus. Generosidade, humildade e justiça são coisas boas. Egoísmo, arrogância e crueldade são coisas más. A distinção parece bastante clara. Do Bem ou de Deus? não é mais uma mensagem de autoajuda. Este livro fará mais do que lhe pedir para mudar o seu comportamento.

ACESSO NEGADO

Imagine se você pudesse andar livre do pecado e manter Satanás de fora de sua vida, de seus relacionamentos pessoais e profissionais? Qual é o segredo? Neste best-seller, John Bevere revela que a maior forma de guerra espiritual para qualquer cristão é a força poderosa de uma vida obediente.

EXTRAORDINÁRIO

Todos nós ansiamos por ver coisas extraordinárias, experimentar uma vida extraordinária, fazer coisas extraordinárias... No entanto, costumamos nos contentar com a mediocridade quando a grandeza está ao nosso alcance. John Bevere revela como todos nós fomos "gerados para algo mais"!

LIVRO + DVD
O ESPÍRITO SANTO

Infelizmente, o Espírito é frequentemente mal compreendido, deixando muitos sem pistas de como Ele é e como Ele se expressa a nós. Neste livro interativo, John Bevere convida você a uma descoberta pessoal da pessoa mais ignorada e mal compreendida na igreja: o Espírito Santo.

A RECOMPENSA DA HONRA

John Bevere revela o poder e a verdade de um princípio geralmente negligenciado – a lei espiritual da honra. Se compreender o papel vital desta virtude, você atrairá bênçãos sobre sua vida hoje e também para a eternidade.

IMPLACÁVEL

Os cristãos nunca foram destinados a "apenas sobreviver". Você foi criado para superar a adversidade e mostrar a grandeza! Neste livro convincente o autor best-seller, John Bevere, explora o que é preciso para terminar bem.

A ISCA DE SATANÁS
DEVOCIONAL

Este guia de estudos devocional o ajudará a mergulhar mais fundo nas verdades bíblicas relacionadas ao livro, capacitando-o a resistir a receber uma ofensa e a se arrepender e se libertar das ofensas que possam ter afetado sua vida no passado.

A ISCA DE SATANAS

A Isca De Satanás expõe um dos laços mais enganosos que Satanás utiliza para tirar os crentes da vontade de Deus – a ofensa. A maioria das pessoas que é presa pela isca de Satanás nem sequer percebe isso. Não se deixe enganar!

MOVIDO PELA ETERNIDADE

O que há na palavra eternidade que chama a nossa atenção e que tem o potencial de influenciar toda uma nação? John Bevere nos fala a respeito dos princípios irrefutáveis para viver com a esperança e a certeza que nos levarão até a eternidade.

O Espírito Santo

Infelizmente, o Espírito é frequentemente mal compreendido, deixando muitos sem pistas de como Ele é e como Ele se expressa a nós. Neste livro interativo, John Bevere convida você a uma descoberta pessoal da pessoa mais ignorada e mal compreendida na igreja: o Espírito Santo.

Quebrando as Cadeias da Intimidação

Todos nós já passamos pela experiência de ser intimidado por alguém pelo menos uma vez na vida. John Bevere traz à tona as ameaças e pressões, destrói o poder das garras do medo, e ensina você a liberar os dons de Deus e a estabelecer o Seu domínio sobre a sua vida.

O Temor do Senhor

John Bevere expõe a necessidade de temermos a Deus. Com seu estilo amorosamente confrontador, ele desafia você a reverenciar a Deus de uma forma diferente na sua adoração e em sua vida diária. Deus anseia por ser conhecido, e só há uma maneira de entrarmos nessa intimidade profunda e experimentá-la na sua plenitude.

Vitória no Deserto

Você se sente estagnado em seu progresso espiritual – ou até mesmo parece ter regredido? Você acha que se afastou de Deus ou que, de alguma forma, o desagradou? Talvez nada disso seja o seu caso... mas, a realidade é que você está no deserto! A intenção de Deus é que você seja vitorioso no deserto.